똘배쌤의
점프 수학

지은이 **이영배(똘배쌤)**

현직 초등교사. 지은 책으로 『초등학생 눈높이에서 배워보는 실생활에서 수학이랑』 등이 있다.

- 2019년 'EBS2 최고의 수학교실 프로그램-최고의 수학교사' 출연, 한국교육학술정보원 에듀넷 교사지원단 활동 중, 국립세종도서관 '생활 속에서 써먹는 살아있는 수학' 강연 등
- 2018년 티처빌 원격교육연수원 〈똘배쌤의 실생활 수학〉 직무연수 오픈, '한국교육학회 전국교사학술포럼대회'에서 논문 발표(고려대학교 초등 부문 대표), 2017년 '전국초등교육연구대회' 과정중심평가 1위 수상 등
- 2016년, 2012년 청주교육대학교 '교사의 창의적 수업사례 연구대회' 전국 최우수상 2회 수상, 한국교육개발원 현장네트워크 자문위원 역임 등
- 이 밖에 한국과학창의재단 주관 전국수학교사연구회 회장 역임, 광주시교육청 혁신인 1호(대상 수상), 광주광역시 수학교과 컨설팅 위원 및 교육과정 선도 요원 등으로 활동

문의 메일: ybl-75@hanmail.net
똘배쌤 카페: cafe.daum.net/201153

똘배쌤의
점프 수학

초판 1쇄 발행 2019년 12월 6일
지은이 이영배
펴낸이 이형세
펴낸곳 테크빌교육㈜
책임편집 이윤희 | **편집** 옥귀희 | **디자인** 어수미 | **제작** 제이오엘앤피
테크빌교육 출판 서울시 강남구 언주로 551, 5층 | **전화** (02)3442-7783 (142)

ISBN 979-11-6346-069-5 03370
책값은 뒤표지에 있습니다.

테크빌교육 채널에서 교육 정보와 다양한 영상 자료, 이벤트를 만나세요!

블로그 blog.naver.com/njoyschoolbooks   **페이스북** facebook.com/teacherville
티처빌 teacherville.co.kr   **티처몰** shop.teacherville.co.kr
쌤동네 ssam.teacherville.co.kr   **키즈티처빌** kids.teacherville.co.kr

초등교사를 위한
재미있는
수학 교과서

초등
저학년

똘배쌤의

점프 수학

이영미(똘배쌤) 지음

테크빌교육

똘배쌤이 제안하는
**더 재미있는
수학 수업**

초등교사를 위한 재미있는 수학 교과서

똘배쌤은 세상의 모든 수학 수업이 더 쉽고 재미있고 유익하기를 바랍니다. 그래서 수학 교사로서 전국수학교사연구회 및 각종 수학 교육과정 컨설팅 활동을 하며 쌓은 연구자료와 수학 창의 수업 활동 사례를 공유하고자『똘배쌤의 점프 수학』을 썼습니다.

　이 책에는 수학 수업 진행에 어려움을 겪는 교사들이 참고하고 활용할 수 있는 다양한 수업 방법과 사례가 담겨 있습니다. 수학 질문과 놀이 활동, 그리고 수학 개념을 정리하고 다지는 방법이 단원별, 차시별, 시간별(분 단위)로 제시되어 있습니다. 또 과정중심평가 성취 기준도 담고 있습니다.

이 책을 읽고 수학 수업을 준비해보세요. 그 순서와 시간 배분, 평가 방법을 그대로 따라 하기만 해도 수학 수업은 90% 성공입니다. 나머지 10%는 선생님의 재량이겠지요.

아이들이 스스로 몰입하는 수학 점프 교과서

아이들이 스스로 수학에 재미를 느끼고 수학을 더 열심히 하게끔 동기부여를 해줍니다. 가만히 앉아서 듣기만 하는 교사 주도의 강의식 수업도, 또 학생 혼자서 문제만 푸는 반복 학습도 아닌 까닭입니다.

똘배쌤은 이 책에 학생들이 수학에 흥미를 느끼고 몰입할 수 있는 다양한 수업 방법을 담았습니다. 이는 십수 년간 수많은 아이들과 함께한 수학 수업에 실제로 적용한 방법입니다.

수학 워밍업 활동을 비롯해 점프 과제, 하브루타 대화법(배운 내용 정리하기 활동), 놀이 활동, 생활에서 수학 개념 찾기, 수학 역할극 등은 모두 창의적이고 재미있는 수학 수업 방법입니다.

『똘배쌤의 점프 수학』으로 또는 이 책을 활용해 수학 수업을 하면 어려울 것이 하나도 없습니다. 수업 순서며 시간, 방법이 아주 정확하게 소개되어 있으니까요. 또 수학 시간이면 지루해하고 멍 때리던 아이들과 즐거운 수학 수업을 진행할 수 있습니다. 무엇보다 학생들이 수학에 몰입하는 놀라운 경험을 할 수 있습니다.

이 책의 구성 및 활용법

수학 수업을 더욱 즐겁고 유익하게 만들기 위해
이 책의 구성 및 활용법을 안내합니다.

워밍업 활동은 각 단원에서 알아야 할 수학 개념을 알기 쉽게 풀어주는 활동입니다. '수업에 들어가기 전에 이것만큼은 꼭!!!'이라는 시작 문구가 상징적으로 보여주듯, 핵심 개념이 무엇인지, 왜 그것을 알아야 하는지와 함께 수학을 쉽고 재밌게 익힐 수 있는 방법을 안내합니다. 놀이 활동을 통해 재미있게 수업을 열기도 합니다.

학습 목표 각 차시는 학습 목표를 확인하는 것으로 시작됩니다. 학습 목표를 분명히 해야 학생들의 배움이 더 빨라지고 정확해집니다. 즉 학습 효율을 높이기 위해 학생들에게 학습 목표를 환기하는 일은 매우 중요합니다.

핵심 내용

학습 목표 환기 후에는 해당 차시의 핵심 내용을 배웁니다. 여기에는 교사가 수업을 시작하는 노하우가 포함되어 있습니다. 예를 들면 '수의 탄생 이야기'를 들려준 후 1부터 5까지의 수를 읽고 쓰는 방법을 배우거나 "나는 우리 집 형제자매 중 몇 번째일까요? 첫째? 둘째?" 하면서 수의 순서를 알아보는 방법 등입니다.

핵심 내용은 보통 10분에서 15분 정도로 구성되는데, 학생이 수업에 흥미를 느낄 수 있도록 유도하는 것이 중요합니다.

점프 과제

핵심 내용을 익힌 후에는 짝과 협력하여 학생 스스로 문제를 풀어보는 점프 과제 순서입니다.

점프 과제에는 학생들이 자발적으로 수학에 몰입하고 또 즐거워하도록 만드는, 똘배쌤만의 수업 노하우가 고스란히 담겨 있습니다. 똘배쌤이 학생들에게 내는 점프 과제는 가만히 앉아서 푸는 문제도 있지만 대부분은 짝과 함께하는 놀이 활동을 동반한 문제입니다. 예를 들면 1부터 5까지의 수를 배우면서, 교실에서 이 수들과 관계있는 사물을 찾아보거나, 모둠별로 〈그대로 멈춰라!〉 노래를 부르면서 1부터 5까지 수 만들기 놀이를 합니다. 이러한 놀이 활동에는 똘배쌤의 **꿀팁** 이 주어집니다.

점프 과제에는 20분 정도의 시간이 할당됩니다.

하브루타 복습 활동

점프 과제를 친구와 협력해 모두 해결했다면, 이제는 배운 내용을 확인하는 시간이 필요합니다.

똘배쌤은 학생들끼리 서로 대화를 통해 배운 내용을 확인하고 정리하는 하브루타 대화법을 제안합니다. 하브루타 대화법은 생각보다 어렵지 않습니다. 짝과 함께 이번 수업에 무엇을 배웠는지를 이야기하는 것이 전부입니다. 예들 들어 1부터 5까지 수를 배웠다면, 1부터 5까지의 수와 관련해 알게 된 것들을 짝과 함께 대화로 확인하는 것입니다. 이와 더불어 수업 활동 중 어려웠던 점, 재미있었던 일, 느낀 점 등도 이야기하면 좋습니다.

이때 선생님은 학생들 사이를 돌면서, 하브루타 활동이 잘 이루어지도록 독려해주세요.

중요 단어 및 배운 내용 정리

학생들이 하브루타 활동을 통해 배운 내용을 스스로 정리했다면, 이번에는 교사와 학생이 함께 중요 단어 정리를 통해 수업 내용을 한 번 더 정리하는 시간을 갖습니다. 이때 교사의 적절한 질문은 아주 중요합니다. 예를 들면 '나에게 1이란?'과 같은 질문을 던지면 "나에게 1은 연필입니다. 필통에 연필이 하나밖에 없기 때문입니다."와 같은 자유로운 대답이 나옵니다. 스스로 창의적인 대답을 하고, 친구들의 기발한 대답을 들은 학생들은 1의 수 개념을 완벽하게 숙지할 수 있습니다.

또한 '생활에서 찾아보기' 활동을 통해서도 수학 개념을 익힐 수 있습니다. 예들 들어 〈산토끼〉 노래를 부르며 노랫말에 토끼가 몇 번 나오는지 세어보거나 몇 번 더 나와야 10마리가 되는지 생각해보며 10의 개념을 익히게 됩니다.

똘배쌤은 중요 수학 개념을 정리할 때 활용할 수 있는 적절한 질문과 실생활 예시를 이 책에서 풍부하게 제공합니다.

똘배쌤은 2015 개정 교육과정에서 중요하게 제안하는 '과정중심평가'가 수학 수업에서 보다 쉽게 이루어질 수 있도록 각 차시별로 성취기준을 제시합니다.

> (예) 과정중심평가는 수업 중 학생들의 활동 과정을 관찰하여 아래의 성취기준에 맞게 과정중심평가 척도표에 기록한 후, 간단하게 진단 및 피드백 내용을 적어주는 것이 효과적입니다.
>
> 1. 1부터 5까지의 수를 읽고 쓸 수 있는가?
> 2. 모둠원들과 함께 협동하여 점프 과제를 해결하고, 해결 과정을 설명할 수 있는가?
> 3. 모둠 활동 및 하브루타 활동에 적극적으로 참여하는가?

여기에 더해, 1학년보다 훨씬 다양한 수학 수업이 가능한 2학년 학생들은 생활 속에서 수학이 활용되는 사례를 찾아보기도 하고, 짧은 수학 역할극을 통해 수학에 대한 궁금증을 해결할 수 있습니다.

하나 더!
수학 역할극

수학 역할극? 이게 뭐냐고요? 똘배쌤이 개발한 독특한 실생활 수학 학습 방법입니다.

수학 역할극은 짧은 연극입니다. 이는 5~6개의 대사를 활용한 생활극으로, 대본은 교사가 수업 전에 준비합니다.

수학 역할극은 다음과 같은 방식으로 진행됩니다.

1. 학생들은 대본을 읽으며 역할극을 준비합니다. 연습 시간은 5분이면 충분합니다.(나중에는 이 활동에 익숙해져서 3분이면 충분합니다.)
2. 역할극을 할 때는 대사를 외워서 해도 되고, 대본을 보면서 해도 됩니다.
3. 역할극을 마치면 함께 주인공의 궁금증을 찾아 해결합니다.

수학 역할극은 학생들 스스로 수학에 몰입하게 할 뿐만 아니라 소극적인 학생을 적극적으로 수업에 참여하게 합니다. 또 수학이 우리 생활과 얼마나 밀접한 관련이 있는지 깨닫게 하고 수학의 필요성과 수학의 재미를 느끼게 합니다.

똘배쌤이 직접 쓴 수학 역할극 대본이 이 책에 차시별로 담겨 있으니, 적극 활용해보시기 바랍니다.

이 외에도 '수학으로 세상 보기', '재미있는 수학 이야기' 등 수학 시간을 더욱 알차게 해주는 다양한 읽을거리가 있습니다. 부록으로 과정중심평가 척도표와 적용 사례도 첨부되어 있습니다.

※ 똘배쌤의 수학 자료

- 유튜브 (youtube.com/channel/UC3EF239equXzLqx
  Ht6vNZNw/videos)
- 카페 (cafe.daum.net/201153/qfoV)

차 례

1학년 1학기

1학년 2학기

로 더해볼까요?   3차시 : 10에서 빼고, 10을 만들어 더해볼까요?

2학년 1학기

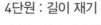

2학년 2학기

초등교사를 위한
재미있는 수학

1학년
1학기

+ − × ÷ =

수학은 내 친구
수의 탄생 이야기

우리가 살아가면서 하루도 빠짐없이 사용하는 것이 바로 '수'입니다. 그럼 '수'는 어떻게 탄생하였을까요? 흔히들 인간이 가축이나 곡식을 소유하고 교환하면서 '수' 개념이 생겨났을 거라고 하는데요. 옛날에는 부족마다 수를 세는 방법이 달랐습니다. 어떤 부족은 하나, 둘 세다가 둘보다 많은 것은 모두 '많다'라고 세었고, 또 어떤 부족은 나무에다 눈금을 그어 세기도 했습니다. 그러다보니 서로 가축의 수를 비교하거나 셈을 해야 할 때 너무 불편했습니다. 바로 이런 불편함을 해결하기 위해서 숫자를 만들지 않았을까요? 오늘날 생활의 편리함을 위해 수학교육을 하는 것도 이와 같은 이치입니다.

옛날에는 수를 셀 때 어떤 방법을 이용했을까요? 원시 시대에는 몸을 이용해 수를 세었습니다. 손가락이나 몸의 일부를 수와 연관시켜 물건의 개수를 세고 기억했습니다. 남아메리카의 잉카 족은 양털이나 솜을 이용하여 굵은 끈에다 여러 개의 펜던트 줄을 매달고, 각 펜던트 줄에 보조 줄을 매달아 매듭을 묶어 매듭의 크기와 위치로 숫자를 나타냈다고 합니다. 잉카 족의 지혜를 엿볼 수 있는 사실입니다.

현재 우리가 편리하게 쓰고 있는 숫자는 무엇일까요?

바로 인도-아라비아 숫자인데요. 1부터 9까지 9개의 숫자와 기호 0으로 이루어져 있는 인도-아라비아 숫자는 10세기 무렵 유럽에 전파되었습니다. 그 후 16세기 과학의 발달과 함께 본격적으로 사용되면서 유럽의 수학도 급속히 발달하였지요. 많은 숫자 중에 인도-아라비아 숫자가 널리 전파된 가장 큰 이유는 편리함 때문입니다. 9개의 숫자와 기호 0을 써서 10이 될 때마다 한 자리씩 올리는 것을 생각해낸 일은 인류 역사상 매우 대단한 발명이라고 할 수 있습니다. 인도-아라비아 숫자 덕분에 사람들은 덧셈, 뺄셈, 곱셈, 나눗셈은 물론 이자 계산과 같은 복잡한 셈까지도 할 수 있게 되었지요.

9까지의 수

· 워밍업 활동

수업에 들어가기 전 이것만큼은 꼭!!!

1학년 아이들 대부분은 초등학교 입학 전 수에 대한 공부를 어느 정도 하고 옵니다. 그래서 수를 지도하는 데 큰 어려움이 없고, 아이들도 어려워하지 않습니다. 오히려 자신이 알고 있는 내용을 뽐내고 싶어 하지요. 아이들은 초등학교 1학년 때는 수학을 좋아합니다. 하지만 고학년으로 올라갈수록 수학에서 멀어지는 경향이 있습니다. 수학이 재미있는 교과라는 인식을 심어주기 위해서는 담임 선생님의 역할이 중요합니다.

1부터 9까지의 수를 지도할 때는 다양한 활동으로 접근하는 것이 좋습니다. 수를 읽는 2가지 방법을 가르칠 때도 마찬가지입니다. 수를 쓰는 수업도 실생활 소재를 활용하여 지도하면 학습 효과가 큽니다. 수를 읽고 쓰는 활동이 끝나면 다음과 같이 간단하게 정리해 주세요.

– 실생활 소재인 모자 2개를 보여주며 "우리 함께 세어볼까?" 하면

학생들은 "하나, 둘."이라고 읽고, "2"라고 씁니다. 또 장난감 비행기 3개를 보여주면 "하나, 둘, 셋."이라고 읽고, "3"이라고 씁니다.

모자 둘(2)

비행기 셋(3)

– 학생들이 좋아하는 게임을 하는 것도 좋은 방법이지요. 바로 눈치 게임입니다. 눈치 게임은 눈치를 보며 차례대로 "1, 2, 3, 4…."라고 수를 말하며 자리에서 일어나는 게임으로, 학생들이 수를 익히는 데 매우 효과적입니다. 게임은 다음과 같이 진행합니다.

1. 지금부터 눈치 게임을 시작하겠습니다. 게임은 3번만 하겠습니다. (게임을 몇 번 할지는 선생님 재량입니다.)

2. 학생들이 눈치를 보며 일어날 준비를 합니다.

3. 한 학생이 '1' 하고 일어납니다. 다음에 일어날 학생은 눈치를 보며 '2' 하고 일어나야 합니다.

4. 다음 학생은 '3', 그다음 학생은 '4' 하면서 계속 일어납니다.

5. 두 학생이 동시에 같은 숫자를 외치며 일어나거나 수의 차례가
   틀리면 게임에서 걸리는 것입니다. 또 동시에 숫자를 외친 학생
   이 없다면 마지막 숫자를 외치게 된 학생이 걸립니다.
6. 눈치 게임의 최종 숫자는 게임에 참여하는 인원수로 정해집니다.

학생들이 수학을 좋아하게 만들 수 있는 마법사는 선생님밖에 없다
는 것을 잊지 마세요. 그리고 똘배쌤의 '워밍업 활동'처럼 본격적인
수업에 들어가기 전 재밌는 활동을 먼저 하면 아이들이 좋아한다는
사실도 잊지 마세요. 수학을 좋아하는 학생들이 세상을 더 행복하
게 만들 수 있습니다.

몇일까요?
수를 써볼까요?

○ 학습 목표

1부터 5까지 읽고 써보기

○ 핵심 내용 – 13분

– '수의 탄생 이야기' 들려주기

– 수가 무엇인지 이야기 나누기

– 1부터 5까지 수 읽고 쓰는 방법 익히기

○ 점프 과제 해결하기 – 20분

1. 다음 그림에 알맞은 수를 읽고 써보세요.

2. 교실에서 2인 것을 찾아 선생님에게 설명하기

3. 모둠별 수 놀이하기

　노래 〈그대로 멈춰라!〉를 부르며 친구들과 함께 1부터 5까지 수 만들기 놀이하기

꿀팁 학생들이 점프 과제를 시작하기 전 과제를 더 잘 이해할 수 있도록 핵심 발문이나 꿀팁을 주는 것도 좋습니다. 그리고 "점프 과제는 짝과 함께 해결하고, 설명은 각자 선생님에게 해주세요. 왜 그렇게 생각했는지 이유를 꼭 말해주세요. 선생님은 이유를 꼭 듣고 싶어요."라는 주의사항도 들려주세요. 학생들이 점프 과제 해결에 좀 더 집중할 수 있을 것입니다.

○ 하브루타로 배운 내용 정리하기 – 5분

　짝과 함께 배운 내용을 찾아 이야기해보는 것은 의미가 있습니다. 이번 수업에서는 1부터 5까지 수 읽기, 수 쓰기, 수 놀이, 수업 활동 중 어려웠던 점, 재미있었던 일, 아쉬운 일, 느낀 점 등을 이야기하며 배운 것을 정리할 수 있습니다.

　짝과 함께 하브루타 활동을 하는 동안에 선생님은 궤간순회를 하며 학생들의 의견을 경청하고, 질문이나 격려로 학생들이 활동에 적극적으로 참여할 수 있도록 독려해주세요. 하지만 지나친 관심이나 간섭은 학생들에게 부담으로 작용할 수 있으니 주의해야 합니다.

○ 중요 단어 및 〈나에게 ~이란?〉 – 2분

초등학교 1학년 학생이니 교사가 직접 제시해도 괜찮습니다. 하지만 가능하다면 학생들의 입에서 대답이 나올 수 있도록 유도하고 기다립니다.

- 중요 단어 : 1~5, 수 읽기, 수 쓰기
- 〈나에게 ~이란?〉 :

  나에게 1이란? 연필입니다. 연필이 하나밖에 없기 때문입니다.

  나에게 3이란? 친구입니다. 제 친구가 3명이기 때문입니다.

○ 과정중심평가 성취기준

과정중심평가는 수업 중 학생들의 활동 과정을 관찰하여 아래의 성취기준에 맞게 과정중심평가 척도표에 기록한 후, 간단하게 진단 및 피드백 내용을 적어주는 것이 효과적입니다.

1. 1부터 5까지의 수를 읽고 쓸 수 있는가?
2. 모둠원들과 함께 협동하여 점프 과제를 해결하고, 해결 과정을 설명할 수 있는가?
3. 모둠 활동 및 하브루타 활동에 적극적으로 참여하는가?

2차시

수의 순서를 알아볼까요?

○ 학습 목표

나는 우리 집에서 몇 번째인지 알아보기

○ 핵심 내용 − 13분

− 나는 집에서 형제자매 중 첫째, 둘째, 셋째…, 몇 번째일까?

− 1부터 9까지 수 세어보기

− 1부터 9까지 수의 순서를 알아보고 읽기(첫째, 둘째, … 아홉째)

− 숫자 모형을 제시하며 지도하기

　1. 나는 우리 모둠에서 키가 몇 번째일까?

　2. 나는 우리 반에서는 키가 몇 번째일까?

　3. 우리 선생님은 1학년 담임 선생님 중 키가 몇 번째일까? 어림해보기

✎ 준비물 : 숫자 모형

○ 점프 과제 해결하기 − 20분

1. 난 집에서 몇 번째일까? 짝과 함께 알아보고 선생님께 설명하기

2. 1부터 9까지 순서를 알아보고 친구에게 설명하기

> **꿀팁** 점프 과제를 해결하기 위해서는 기본적으로 글을 읽고 이해할 수 있어야 합니다. 그래서 초등학교 1학년 학생들에게는 다소 어려울 수 있으니 선생님이 도와주세요. 처음에는 학생도 선생님도 힘들 수 있지만, 서로 기다려주면서 차분히 실천하다보면 금세 익숙해질 수 있습니다. 짝과 함께 과제를 해결하는 과정에서 협동심을 기를 수 있고, 서로 돕는 법을 배울 수도 있습니다.

○ 하브루타로 배운 내용 정리하기 – 5분

짝과 함께 1부터 9까지의 수 말하기, 1부터 9까지 수의 순서 말하기, 점프 과제를 해결하며 어려웠던 점, 재미있었던 일, 느낀 점 등을 이야기합니다.

○ 중요 단어 및 〈~이란?〉 – 2분

– 중요 단어 : 1~9, 수 읽기, 수의 순서, 몇 번째
– 〈수의 순서란?〉 :
　'차례이다', '힘의 세기이다' 등 학생들의 다양한 의견을 칠판에 씁니다.

○ 과정중심평가 성취기준

과정중심평가는 수업 과정 중에 진단 및 피드백이 이루어지는 것이 가장 좋습니다. 그러나 이것은 가르침 중심 수업에서는 불가능합니다. 따라서 학생 참여 중심, 배움 중심 수업이 먼저 이루어져야 합니다. 성공적인 과정중심평가는 자기 평가, 동료 평가 및 관찰을 통해 하나라도 배울 수 있는 기회

를 제공하는 것입니다.

1. 1부터 9까지의 수를 이해하고, 순서대로 나타낼 수 있는가?

2. 짝과 협동하여 점프 과제를 해결하고, 해결 과정을 설명할 수 있는가?

3. 점프 과제 및 하브루타 활동에 적극적으로 참여하는가?

어느 수가 더 클까요?

○ **학습 목표**

수의 크기 알아보기

○ **핵심 내용 – 13분**

– 큰 수와 작은 수의 개념 알기

– 많다/적다와 크다/작다의 개념과 관계 알기

– 1 큰 수와 1 작은 수, 두 수의 크기 비교하기

– 핵심 내용을 스토리텔링으로 들려주고 수 알아맞히기

　예) 식탁 위에 수저가 있습니다. 숟가락이 3개이고, 젓가락이 4개입니다. 무엇이 더 많을까요? 그럼, 젓가락은 숟가락보다 얼마나 더 많을까요? 숟가락은 젓가락보다 얼마나 적을까요? 이번에는 수로 비교해볼까요? 4는 3보다 얼마나 클까요? 3은 4보다 얼마나 작을까요?

○ **점프 과제 해결하기 – 20분**

짝과 함께 다음 그림을 보고 동물의 수를 비교하세요.

○ 하브루타로 배운 내용 정리하기 – 5분

짝과 함께 배운 내용을 정리합니다. 수의 크기, 많다/적다, 크다/작다, 점프 과제 등 핵심 내용은 물론이고 수업 활동 중 어려웠던 점, 재미있었던 일, 아쉬운 일, 느낀 점 등을 이야기합니다.

○ 중요 단어 및 학습 내용 정리하기 – 2분

– 중요 단어 : 큰 수, 작은 수, 수의 크기 비교하기

– 학습 내용 정리 :

선생님이 질문하고 아이들이 대답하는 방법을 활용하세요. 다음과 같이 말이지요. "이번 시간에는 강아지 3마리와 고양이 2마리를 가지고 수를 비교해보았습니다. 어느 동물이 더 많았나요? 얼마나 많았나요? 그럼, 3은 2보다 얼마나 큰가요? 2는 3보다 얼마나 작은가요?"

○ 과정중심평가 성취기준

1. 수의 크기를 이해하고 비교할 수 있는가?

2. 짝과 협동해 점프 과제를 해결하고, 해결 과정을 설명할 수 있는가?

3. 점프 과제 및 하브루타 활동에 적극적으로 참여하는가?

² 단원 여러 가지 모양

· 워밍업 활동

수업에 들어가기 전 이것만큼은 꼭!!!

"모양이란 무엇일까?"

먼저 학생들에게 질문을 던져보세요. 학생들은 뭐라고 답할까요? 궁금하지 않으세요? 모양은 사전적인 의미로는 '겉으로 나타나는 생김새나 모습'을 말합니다. 즉 겉모습을 말하는 것이죠. 우리 주위의 물건을 살펴보고 겉모습이 어떤지 말이나 몸동작으로 표현하는 활동을 해보는 것은 어떨까요?

모양에 관한 다양한 이야기를 해보는 것도 좋습니다. 교과서 사진을 이용해 직육면체, 원기둥, 구 모양을 찾아보기도 하고, 실생활 소재를 활용하여 다양한 모양을 찾아볼 수도 있지요. 예를 들어 주사위나 필통에서 직육면체 모양을, 두루마리 휴지나 딱풀에서 원기둥 모양을, 야구공이나 축구공에서 구 모양을 찾아보는 겁니다.

이때 교사가 일방적으로 제시하는 것보다 학생들의 호기심을 유발하는 발문을 제시하여 함께 찾아보는 것이 더 효과적입니다. "우리 주변에 직육면체 모양은 무엇이 있을까? 원기둥 모양은? 구 모양은?" 이런 식으로 말입니다. 더 나아가 "왜 이 모양으로 만들었을까?"라는 질문을 던져 학생들의 다양한 생각을 유도하는 것은 어떨까요?

모양의 이름을 지어보는 것도 학생들의 흥미와 관심을 유발시킬 수 있는 효과적인 활동입니다. "우리 모두 이름이 있는 것처럼 독특한 모양의 물건을 찾아 도형의 이름을 지어볼까요?" 하며 짝과 함께 활동하도록 유도합니다.

수학시간이 행복하려면 학생들에게 즐거움을 주어야 한다는 점 다시 한번 기억하세요.

여러 가지 모양 찾아보기

○ **학습 목표**

　생활 속에서 여러 가지 모양 찾기

○ **핵심 내용 – 13분**

　– "모양이 무엇일까?" 질문하고 학생들과 이야기해보기

　– 축구공, 딱풀, 주사위 등을 보여주며 "이것은 무슨 모양일까?" 질문하
　　면 학생들이 대답하고 그림으로 그리기

　– 생활 속에서 3가지 모양(직육면체, 원기둥, 구) 찾아보기

　🖉 **준비물 : 축구공, 딱풀, 주사위**

○ **점프 과제 해결하기 – 20분**

　교실에서 자신이 좋아하는 물건 하나를 찾아 어떤 모양인지 설명하세요.

○ **하브루타로 배운 내용 정리하기 – 5분**

　짝과 함께 배운 내용을 대화를 나누며 정리합니다. 모양, 직육면체, 원기

둥, 구, 딱풀, 축구공, 주사위 등 핵심 내용과 더불어 수업 활동 중 어려웠던 점, 재미있었던 일, 아쉬운 일, 느낀 점 등을 이야기합니다.

○ 중요 단어 및 〈내가 찾은 물건은 ～ 이고, ～ 모양입니다〉 – 2분

중요 단어를 찾아 이를 활용하여 배운 내용을 정리하는 것은 좋은 교육 활동입니다. 1학년의 경우 중요 단어를 찾는 것이 어려울 수도 있으므로 교사가 이를 직접 제시해도 무방합니다.

- 중요 단어 : 모양, 물건, 직육면체 모양, 원기둥 모양, 구 모양, 딱풀, 축구공, 주사위

- 〈내가 찾은 물건은 ～이고, ～ 모양입니다〉 :

  내가 찾은 물건은 딱풀이고, 원기둥 모양입니다.

  내가 찾은 물건은 주사위이고, 직육면체 모양입니다.

○ 과정중심평가 성취기준

1. 모양의 개념을 이해할 수 있는가?
2. 점프 과제를 해결하고, 해결 과정을 설명할 수 있는가?
3. 점프 과제 및 하브루타 활동에 적극적으로 참여하는가?

여러 가지 모양 알아보기

○ **학습 목표**

3가지 모양(직육면체, 원기둥, 구)의 특징 알아보기

○ **핵심 내용 - 13분**

– 선생님이 퀴즈 내기

1. 직육면체 모양에 대한 힌트를 주고 학생들이 알아맞히기

2. 원기둥 모양에 대한 힌트를 주고 학생들이 알아맞히기

3. 구 모양에 대한 힌트를 주고 학생들이 알아맞히기

– 학생들끼리 퀴즈 내기

상자에 3가지 모양(직육면체, 원기둥, 구) 중 하나인 물건을 넣고, 한 학생이 앞으로 나옵니다. 앉아 있는 학생들에게 상자의 물건을 보여주고 그 특징을 설명하게 합니다. 설명을 듣고 앞에 나온 학생이 그 물건이 무엇인지, 어떤 모양인지를 알아맞힙니다.

– 3가지 모양(직육면체, 원기둥, 구)의 특징 설명하기

✎ **준비물 : 주사위, 딱풀, 두루마리 휴지, 탁구공 등**

○ 점프 과제 해결하기 − 20분

직육면체, 원기둥, 구 등 3가지 모형을 만져보고 느낌을 말하세요.

✎ **준비물 : 직육면체, 원기둥, 구 모형(학기 초에 학습 자료로 구입)**

○ 하브루타로 배운 내용 정리하기 − 5분

짝과 함께 배운 내용에 대해 이야기합니다. 3가지 모양(직육면체, 원기둥, 구)의 특징 설명하기, 퀴즈에 관한 내용, 3가지 모양 모형의 느낌, 수업 활동 중 어려웠던 점, 재미있었던 일, 아쉬운 일, 느낀 점 등을 나눕니다.

○ 중요 단어 및 생활에서 찾아보기 − 2분

− 중요 단어 : 3가지 모양의 특징, 3가지 모양 모형의 느낌

− 생활에서 찾아보기 : 3가지 모양의 물건을 찾아 이야기합니다.

○ 과정중심평가 성취기준

1. 3가지 모양(직육면체, 원기둥, 구)의 특징을 이해할 수 있는가?

2. 점프 과제를 해결하고, 해결 과정을 설명할 수 있는가?

3. 점프 과제 및 하브루타 활동에 적극적으로 참여하는가?

여러 가지 모양 만들기

○ **학습 목표**

여러 가지 모양으로 나만의 모양 만들기

○ **핵심 내용 – 13분**

- 원기둥, 구, 직육면체로 만들어진 물건을 보여주며 학생들에게 질문하고 이야기하기

  예) 어떤 모양이 보이나요? 여러분이 알고 있는 모양이 있나요? 많이 사용한 모양은 무엇인가요?

- 생활 속에서 원기둥, 구, 직육면체를 이용하여 만든 물건 찾아보기

○ **점프 과제 해결하기 – 20분**

원기둥, 구, 직육면체 모형을 이용하여 나만의 모양을 만들어보세요. 그리고 짝에게 새로운 모양에 관해 설명하세요.

꿀팁 이때 선생님은 궤간순회를 하며 과정중심평가를 실시하는 한편, 필요에 따라 피드백을 해주거나 직접 도와줍니다.

○ 하브루타로 배운 내용 정리하기 - 5분

짝과 함께 배운 내용을 정리합니다. 원기둥, 구, 직육면체 모양의 물건 찾아보기, 원기둥, 구, 직육면체로 나만의 모양 만들어 친구에게 설명하기에 대해 이야기 나눕니다. 수업 활동 중 어려웠던 점, 재미있었던 일, 아쉬운 일, 느낀 점 등을 이야기해도 좋습니다.

○ 중요 단어 및 생활에서 찾아보기 - 2분

- 중요 단어 : 원기둥, 구, 직육면체 모양의 물건 찾아보기, 원기둥, 구, 직육면체로 나만의 모양 만들어 친구에게 설명하기
- 생활에서 찾아보기 : 직육면체, 원기둥, 구 모양이 사용된 물건들을 찾아봅니다. 이때 찾은 모양은 물건 전체의 모양일 수도 있고, 부분의 모양일 수도 있습니다. 나아가 왜 이 모양으로 만들었는지 생각해봅니다.

○ 과정중심평가 성취기준

1. 주어진 물건에서 원기둥, 구, 직육면체 모양을 찾을 수 있는가?
2. 짝과 협동하여 점프 과제를 해결하고, 해결 과정을 설명할 수 있는가?
3. 하브루타 활동에 적극적으로 참여하고, 생활 속에서 모양을 찾으려는 자세를 지니는가?

3단원 덧셈과 뺄셈

· 워밍업 활동

수업에 들어가기 전 이것만큼은 꼭!!!

셈하기는 초등학교 1학년 학생들이 처음으로 접하는 본격적인 수학입니다. 물론 유치원이나 사설교육기관에서 선행학습이 이루어진 아이들도 있겠지요. 하지만 공교육의 특성에 맞게 의미 있는 교육 활동이 될 수 있도록 셈하기를 재미있게 지도합니다.

덧셈은 무엇일까? 커지는 것입니다. 무엇보다 커질까요? 바로 처음의 수보다 커지는 것입니다. 처음보다 커지면 좋은 것에는 무엇이 있을까요? 키도 크면 좋고, 마른 사람들은 몸무게가 늘어나면 좋고, 용돈도 많아지면 좋겠지요.
뺄셈은 무엇일까? 당연히 작아지는 것입니다. 무엇보다 작아질까요? 처음의 수보다 작아지는 것입니다. 처음보다 작아지면 좋은 것에는 무엇이 있을까요? 살이 찐 사람이라면 몸무게가 줄어들면 좋고, 미세먼지 농도는 낮아지면 좋겠지요.
재미있는 덧셈과 뺄셈의 개념 활동이 끝나면 모으기를 활용해 덧셈을 도입합니다. 그리고 덧셈식을 만듭니다. 그러고 나서 가르기를 통해 뺄셈을 도입하고, 뺄셈식을 만듭니다. 덧셈에서 더하는 수가 1씩 커지면 결과 값도 1씩 커지고, 뺄셈에서 빼는 수가 1씩 커지면 결과 값도 1씩 작아진다는 사실도 알려주세요!

아울러 '0'의 개념도 알아야 합니다. 어떤 수에 0을 더하거나 빼도, 또 0에 어떤 수를 더해도 항상 어떤 수가 된다는 사실은 정말 중요합니다.

모으기와 가르기

○ 학습 목표

모으기와 가르기를 알고 비교하기

○ 핵심 내용 – 13분

– 모으기와 가르기의 개념 지도하기

모으기는 덧셈과 관련해 원래보다 더 커진다는 것을 알 수 있도록 지도하고, 가르기는 뺄셈과 관련해 원래보다 더 작아진다는 것을 이해할 수 있도록 지도합니다.

– 모으기와 가르기 게임으로 지도하기

공깃돌이나 바둑알 등을 활용한 게임으로 모으기와 가르기를 지도합니다. 교사 대 학생들 게임으로 진행합니다.

1. 선생님은 양쪽 주머니에 4개와 5개의 공깃돌을 넣어둡니다.

2. 한쪽에서 4개, 다른 한쪽에서 5개의 공깃돌을 꺼내 보여준 후 "선생님한테는 모두 몇 개의 공깃돌이 있나요?" 하고 묻습니다.

3. 학생들이 대답하면 공깃돌을 세어 답을 확인합니다. 공깃돌은 모두

9개겠지요?

이 모으기 놀이를 여러 번 하다보면 자연스럽게 4와 5가 모여 9가 되고, 3과 4가 모여 7이 되는 것을 알 수 있습니다. 이제 가르기 게임입니다.

1. 7개의 공깃돌을 보여준 후, 선생님의 주머니에 모두 넣습니다.

2. 잠시 후 주머니에서 공깃돌을 몇 개 꺼내 보여줍니다.

3. "선생님 손에 몇 개의 공깃돌이 있나요?" 묻고 학생들이 대답하면 답을 확인시켜줍니다.

4. 다시 "그러면 선생님 주머니에는 몇 개의 공깃돌이 남아 있을까요?" 묻고 학생들이 대답하면 답을 확인시킵니다.

예를 들어 처음 7개에서 3개를 꺼냈다면 손에는 3개의 공깃돌이, 주머니에는 4개의 공깃돌이 있게 되지요. 결국 7을 3과 4로 가를 수 있음을 알게 됩니다. 이 게임을 여러 번 하다보면 학생들은 7은 1과 6, 2와 5, 3과 4로 가를 수 있다는 사실을 자연스럽게 알 수 있습니다.

✎ **준비물 : 바둑알, 공깃돌**

○ 점프 과제 해결하기 - 20분

1. 주어진 7개의 공깃돌을 가지고 모으기와 가르기를 하세요.

2. 짝에게 자신이 해본 모으기와 가르기를 설명하세요.

꿀팁 7개의 공깃돌을 가지고 다양한 방법으로 모으기와 가르기를 해볼 수 있도록 궤간순회를 통해 도움이 필요한 학생들에게 도움을 줍니다.

○ 하브루타로 배운 내용 정리하기 – 5분

짝과 함께 배운 내용을 찾아봅니다. 일단 모으기와 가르기의 개념, 덧셈과 뺄셈, 늘어난다, 줄어든다 등이 있겠지요. 더불어 수업 활동 중 어려웠던 점, 재미있었던 일, 아쉬운 일, 느낀 점 등을 자유롭게 이야기할 수 있다면 더욱 좋습니다.

○ 중요 단어 및 생활에서 찾아보기 – 2분

- 중요 단어 : 모으기, 가르기, 덧셈, 뺄셈, 늘어난다, 줄어든다, 7은 3과 4, 5는 2와 3
- 생활에서 찾아보기 : 배운 내용을 삶과 연결하는 활동으로, 이는 수업의 재미를 더해주고 수학교육의 필요성도 느끼게 해줍니다. 생활 속 물건(우산, 연필, 실내화 등)을 가지고 모으기와 가르기를 익힙니다.

○ 과정중심평가 성취기준

1. 모으기와 가르기를 이해할 수 있는가?
2. 짝과 협동하여 점프 과제를 해결하고, 해결 과정을 설명할 수 있는가?
3. 점프 과제 및 하브루타 활동에 적극적으로 참여하는가?

재미있는 이야기 만들기

○ **학습 목표**

　그림을 보고 재미있는 이야기 만들기

○ **핵심 내용 – 13분**

　– 수에 대한 재미있는 이야기를 인터넷에서 찾아 들려주기

　– 교과서 그림을 보고 이야기 만드는 방법 설명하기

○ **점프 과제 해결하기 – 20분**

　1. 짝과 함께 그림을 보고 이야기를 만들어보세요.

 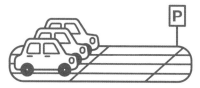

　2. 이야기를 만들었으면 선생님에게 들려주세요.

꿀팁 그림을 보여주며 간단하게 설명해주고 학생들이 질문을 한다면 친절히 대답해주세요. 그리고 이 활동의 핵심은 주차장과 자동차가 아닌 '5에서 2를 빼니 3이 남았다'는 것임을 반드시 알려주세요. 이 외에도 수영장, 놀이공원, 생일파티 등을 배경으로 다양한 이야기를 만들 수 있습니다. 예를 들어 "수영장에 5명이 있었는데, 2명이 집으로 가서 지금은 3명이 남았다." 정도겠지요?

○ 하브루타로 배운 내용 정리하기 – 5분

짝과 함께 그림을 보고 내용 파악하기, 그림을 보고 이야기 만들기, 점프 과제 해결하기, 수업 활동 중 어려웠던 점, 재미있었던 일, 아쉬운 일, 느낀 점 등에 대해 이야기합니다.

○ 중요 단어 및 생활에서 찾아보기 – 2분

– 중요 단어 : 이야기 만들기, 수

– 생활에서 찾아보기 : 봉지에 담긴 아이스크림 그림을 보고 학생 또는 선생님이 재미있는 이야기를 만들어봅니다.

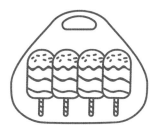

○ 과정중심평가 성취기준

1. 이야기 만드는 방법을 이해하는가?

2. 짝과 협동하여 점프 과제를 해결하고, 해결 과정을 설명할 수 있는가?

3. 점프 과제 및 하브루타 활동에 적극적으로 참여하는가?

덧셈을 해볼까요?

O 학습 목표

덧셈의 의미 알기

O 핵심 내용 – 13분

– 더하기의 개념 이해하기

더하기의 개념을 설명할 때 중요한 낱말들이 있습니다. 바로 '늘어난다, 증가한다, 커진다, 처음 수보다 커진다' 등이지요. 이러한 낱말을 통해 더하기의 개념이 확실해지면 문장으로 제시되는 문제도 이해할 수 있습니다.

– 덧셈 보여주기

교과서 그림, 생활 속 그림을 활용하거나 공깃돌이나 수 모형과 같은 수학 교구를 이용하여 덧셈의 과정을 직접 볼 수 있도록 합니다.

– 덧셈식 읽기

개념에 대한 지도 후에는 덧셈식을 읽을 수 있도록 지도합니다. 그림을 보고 빈칸 채우기, 그림을 보고 덧셈식 세우기까지 나아가는 것도 괜찮습니다.

○ 점프 과제 해결하기 – 20분

1. 우리 모둠 학생 수를 덧셈식으로 나타내기

   예를 들어 안경 쓴 학생 1명, 안경 안 쓴 학생 3명을 더해 우리 모둠 학생 4명을 나타냅니다.

2. 1의 과제를 끝낸 모둠은 덧셈 놀이 하기

   교과서에 있는 말판을 이용한 덧셈 놀이입니다. 이 놀이를 하면서 배운 내용을 다시 한번 익힙니다.

   꿀팁 선생님이 함께한다면 더 신나고 재미있는 수학시간이 될 수 있겠지요? 문제를 푸는 것도 중요하지만 식을 만들고 말로 설명하는 활동도 중요합니다. '수학은 푸는 것이 아니라 표현하는 것이다'라는 생각이 들도록 말입니다.

○ 하브루타로 배운 내용 정리하기 – 5분

더하기의 개념, 점프 과제 내용, 덧셈 놀이, 덧셈식, 덧셈식 읽기 등 짝과 함께 배운 내용에 대해 이야기합니다. 이때 수업 활동 중 어려웠던 점, 재미있었던 일, 아쉬운 일, 느낀 점 등도 나누면 좋습니다.

○ 중요 단어 및 생활에서 찾아보기 – 2분

- 중요 단어 : 더하기, 덧셈, 증가, 덧셈식, 덧셈 놀이
- 생활에서 찾아보기 : 캠핑장으로 놀러간 남매가 잡은 물고기 그림을 준

비합니다. 각각의 물고기 수를 세어 더한 후, 덧셈이 생활에서 쓰이는
경우를 생각해봅니다.

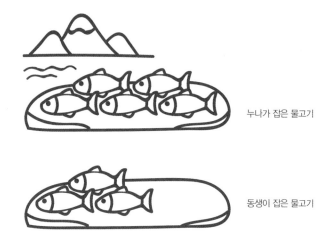

누나가 잡은 물고기

동생이 잡은 물고기

○ 과정중심평가 성취기준

1. 덧셈의 개념을 이해하는가?

2. 모둠원들과 협동하여 점프 과제를 해결하고, 해결 과정을 설명할 수 있
   는가?

3. 모둠별 활동 및 하브루타 활동에 적극적으로 참여하는가?

뺄셈을 해볼까요?

○ 학습 목표

뺄셈의 의미 알기

○ 핵심 내용 – 13분

– 빼기의 개념 이해하기

덧셈보다 뺄셈을 어려워하는 학생들이 종종 있습니다. 아마도 정서상 빼앗기는 것보다 얻는 것에 더 익숙하기 때문이 아닐까 하는 생각이 듭니다. 빼기의 개념은 어떻게 지도해야 좋을까요?

덧셈과 마찬가지로 단어를 이용해 개념을 형성하는 것이 효과적입니다. 이때 이용할 단어로는 '줄어든다, 감소한다, 작아진다, 처음 수보다 작아진다' 등이 있습니다.

– 뺄셈 보여주기

교과서 그림, 생활 속 그림을 활용하거나 바둑알이나 수 모형과 같은 수학 교구를 이용하여 뺄셈의 과정을 직접 볼 수 있도록 합니다.

– 뺄셈식 읽기

뺄셈식 읽기가 익숙해지면 그림을 보고 빈칸 채우기, 그림을 보고 뺄셈식 세우기까지 확장해도 좋습니다.

○ 점프 과제 해결하기 – 20분

우리 모둠에서 안경 쓴 학생 수를 뺄셈식으로 나타내기

꿀팁 모둠원 4명 중에 안경 안 쓴 학생이 4명이면 $4-4=0$이 되고, 안경 안 쓴 학생이 1명이면 $4-1=3$이 되는 것입니다. 이때 학생들이 많이 헷갈려 하지만, 그래서 짝과 더 잘 협동하게 됩니다.

안경 안 쓴 학생이 하나도 없다면 $4-0=4$가 되므로 0의 개념과 어떤 수에서 0을 빼면 그대로 어떤 수가 된다는 점까지 자연스럽게 배울 수 있습니다. 점프 과제를 해결하는 동안 우리 반 학생들이 나온 사진을 TV로 보여주면 매우 좋아합니다.

○ 하브루타로 배운 내용 정리하기 – 5분

짝과 함께 배운 내용을 찾아보는 시간입니다. 뺄셈의 개념, 점프 과제 내용, 뺄셈식, 뺄셈식 읽기 등은 물론 수업 활동 중 어려웠던 점, 재미있었던 일, 아쉬운 일, 느낀 점을 이야기합니다.

○ 중요 단어 및 생활에서 찾아보기 – 2분

- 중요 단어 : 뺄셈식, 빼기, 뺄셈, 감소
- 생활에서 찾아보기 : 학생들이 좋아하는 여러 가지 모양의 풍선 그림으로 뺄셈을 익힙니다.

○ **과정중심평가 성취기준**

1. 뺄셈의 개념을 이해하는가?

2. 모둠원들과 협동하여 점프 과제를 해결하고, 해결 과정을 설명할 수 있
   는가?

3. 점프 과제 및 하브루타 활동에 적극적으로 참여하는가?

덧셈식과 뺄셈식 만들기

○ **학습 목표**

덧셈과 뺄셈 더 알아보기

○ **핵심 내용 – 13분**

– 0의 개념 이해하기

0의 개념을 설명할 때 가장 효과적인 말은 '아무것도 없는 것'입니다. 따라서 0을 더해도, 빼도 원래의 수가 되는 것입니다. 왜냐하면 원래의 수에서 아무것도 더하거나 빼지 않았기 때문입니다.

– 0을 사용한 덧셈식, 뺄셈식 만들기

0을 사용한 덧셈식, 뺄셈식 지도도 0의 개념을 정확하게 이해하면 큰 어려움은 없습니다. 나아가 그림을 보고 이야기를 주고받으며 덧셈식과 뺄셈식을 만들어보고 해결합니다.

○ **점프 과제 해결하기 – 20분**

1. 그림을 보고 이야기 만들기

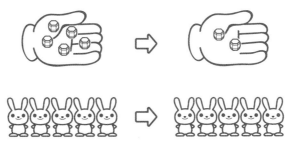

2. 1에서 만든 이야기를 바탕으로 덧셈식이나 뺄셈식 만들기

3. 2에서 만든 덧셈식이나 뺄셈식 해결하기

꿀팁 그림이 없을 때는 칠판에 선생님이 직접 그림을 그려도 됩니다. 예를 들어 인형을 6개 사는 장면과 인형 1개를 친구에게 주는 장면을 그리는 식입니다.

○ 하브루타로 배운 내용 정리하기 – 5분

짝과 함께 배운 내용을 찾아보는 시간입니다. 덧셈과 뺄셈의 개념, 0의 개념, 점프 과제 내용, 수업 활동 중 어려웠던 점, 재미있었던 일, 아쉬운 일, 느낀 점 등을 솔직하게 이야기해봅니다.

○ 중요 단어 및 생활에서 찾아보기 – 2분

　– 중요 단어 : 덧셈식, 뺄셈식, 0, 이야기 만들기, 덧셈식과 뺄셈식 해결
　　하기

　– 생활에서 찾아보기 : 어항에 있는 물고기 그림을 보고 이야기를 만듭
　　니다. "어항에 8마리의 물고기가 있었는데 일주일 후 3마리의 물고기만

남았다면?"이라는 이야기를 만들어 뺄셈식을 공부합니다.

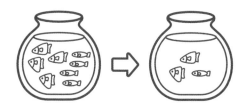

책장에 있는 책 그림을 보고 이야기를 만듭니다. "책장에 책이 5권 있
었는데, 서점에서 2권을 사왔다면?"이라는 이야기를 만들어 덧셈식을
공부합니다.

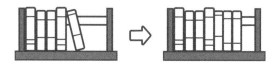

꿀팁 이때 이야기를 들려주고 "덧셈을 사용해야 할까요? 뺄셈을 사용해야 할까
요?"라는 질문을 먼저 하는 것도 좋습니다. 그리고 왜 그렇게 생각했는지 이유를
물어보는 것도 잊지 마세요.

○ 과정중심평가 성취기준

1. 덧셈과 뺄셈의 개념과 0의 개념을 이해하는가?
2. 점프 과제를 해결하고, 해결 과정을 설명할 수 있는가?
3. 점프 과제 및 하브루타 활동에 적극적으로 참여하는가?

4단원 비교하기

· 워밍업 활동

수업에 들어가기 전 이것만큼은 꼭!!!

'비교하기'는 2가지 사물을 수를 이용해 비교하는 단원입니다. 하지만 사람이나 성적을 비교하는 것은 인성 지도에 바람직하지 않다는 사실, 꼭 기억하세요!

비교하는 범위는 길이, 무게, 넓이, 담을 수 있는 양입니다. 1학년 학생들은 그 발달 수준에 맞게 시각적으로 확인해 비교하는 방법이 가장 효과적입니다.

예를 들어 길이는 연필과 지우개를 가지고 어느 물건이 더 길고 짧은지를 직접 비교하고, 무게는 사과와 도토리를 양손에 들고 직접 비교하면 학생들이 쉽게 이해할 수 있겠지요.

넓이는 한눈에 알아볼 수 있는 달력과 미니수첩으로, 담을 수 있는 양은 양동이와 종이컵으로 시각적으로 직접 비교하는 것이 좋습니다. 아울러 똑같은 그릇의 경우에는 물의 높이가 높을수록 물의 양이 더 많다는 사실도 직관적으로 비교할 수 있습니다.

비교하기 단원에서는 학생들이 생활 속에서 접할 수 있는 실생활 소재를 가지고 수업을 이끌어갈 것을 권합니다. 실생활 소재는 학생들에게 관심과 흥미를 유발할 뿐만 아니라 생활 속에 수학이 사용되고 있음을 확인시켜주기 때문에, 수학을 공부해야 하는 필요성까지 알게 해주는 가장 좋은 수업자료입니다.

눈으로 몸으로
비교해볼까요?

○ 학습 목표

어느 것이 더 긴지, 어느 것이 더 무거운지 알아보기

○ 핵심 내용 – 13분

– 비교하기 개념 이해하기

비교하기의 개념을 지도할 때는 둘 이상의 물건의 공통점, 차이점을 밝
히는 일이 중요합니다. 특히 '길다'와 '무겁다'를 지도할 때는 둘 이상의
물건으로 '더 길다'와 '더 무겁다'의 개념을 이해해야 합니다. 예를 들어
기차와 버스를 비교한 그림을 보고 '길다'라는 단어를 사용하여 그림 내
용을 이야기해봅니다.

수업에 들어가기 전에 배울 내용과 관련해서 학생들과 이런저런 이야기를 해보는 것이 좋습니다. 학생들은 선생님과의 대화를 좋아합니다. 다만 일방적이지 않은 쌍방향 의사소통이 되도록 해야 합니다.

○ 점프 과제 해결하기 - 20분

1. 교실에서 2가지 물건을 찾아 '더 길다'라는 표현을 사용해 설명하세요.
2. 교실에서 2가지 물건을 찾아 '더 무겁다'라는 표현을 사용하여 설명하세요. 이때 왜 그 물건들을 골랐는지 그 이유도 이야기하세요.
3. 모둠별로 몸을 이용해 가장 길게 만들어보세요.

   이 과제는 모둠별 대항전으로 하면 보다 즐겁게 활동할 수 있습니다. 가장 길게 만든 모둠을 선정하여 칭찬해주거나 작은 보상을 해주어도 괜찮습니다.

   꿀팁 점프 과제는 학생 전원이 참여하는 행복한 수학시간을 만들기 위한 것입니다. 점프 과제 해결 자체가 중요한 것은 아닙니다. 그보다는 점프 과제를 해결하는 과정에 더 많은 학생들이 참여하여 한마디라도 이야기하는 것이 중요합니다.

○ 하브루타로 배운 내용 정리하기 - 5분

하브루타 활동 시간에는 짝과 함께 수업시간에 다루었던 이런저런 이야기를 해봅니다. 수업시간에 배운 내용이나 느낀 점을 이야기하면 더 좋겠지요. 즉 '길다'와 '무겁다'의 개념, 점프 과제 내용, 수업 활동 중 어려웠던 점, 재미있었던 일, 아쉬운 일 등입니다.

○ 중요 단어 및 생활에서 찾아보기 - 2분

  - 중요 단어 : 길다, 무겁다, 비교하기, 몸

  - 생활에서 찾아보기 : '세상에서 가장 무거운 동물은 무엇일까?', '세상에서 가장 긴 철도는 무엇일까?'와 같은 질문으로 학생들의 의견을 들어봅니다. 그리고 나서 세상에서 가장 무거운 동물, 세상에게 가장 긴 철도를 인터넷에서 찾아 사진으로 보여주면 학생들이 너무 좋아하겠지요?

  ✎ 준비물 : 흰 긴 수염 고래 사진, 시베리아 횡단 철도 사진

○ 과정중심평가 성취기준

  1. '길다'와 '무겁다'의 개념을 잘 이해하는가?

  2. 모둠원들과 협동하여 점프 과제를 해결하고, 해결 과정을 설명할 수 있는가?

  3. 모둠별 활동 및 하브루타 활동에 적극적으로 참여하는가?

어느 쪽이 더 넓을까요?

O 학습 목표

어느 쪽이 더 넓은지 비교하기

O 핵심 내용 – 13분

– '넓다'와 '좁다'의 개념 이해하기

'넓다'와 '좁다'의 개념을 지도할 때 눈으로 직접 비교가 가능한 것은 어렵지 않습니다. 그러나 넓이가 비슷한 경우에는 이를 비교하는 것이 쉽지 않지요. 1학년 학생들에게는 시각적으로 구분할 수 있는 경우를 중심으로 개념 이해에 집중하는 것이 효과적입니다. 눈으로 비교할 때는 겹쳐보기를 통한 지도가 적절합니다. 겹쳐보기는 공책과 교과서를 겹치는 등, 두 물건을 겹쳐서 넓고 좁음을 비교해 이해하는 방법입니다. 그렇다면 겹쳐볼 수 없을 때는 어떻게 해야 할까요? 학생들에게 이 질문을 던지고 함께 생각해보는 것도 좋습니다.

– '넓다'와 '좁다'의 표현 이해하기

'넓다'는 개념은 "공간이 더 크다, 차지하는 면적이 더 크다."와 같이 표현할 수 있으며, '좁다'는 개념은 "공간이 더 작다, 차지하는 면적이 더 작다."와 같이 표현할 수 있다는 것도 알려주어야 합니다.

○ 점프 과제 해결하기 – 20분

1. 어느 것이 더 넓을까요?

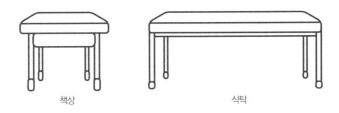

책상   식탁

2. 내 책상과 짝꿍의 의자를 비교하세요. 어느 것이 더 좁을까요?
3. 내 책상과 수학책을 비교하세요. 어느 것이 더 넓을까요?

○ 하브루타로 배운 내용 정리하기 – 5분

짝과 함께 배운 내용을 찾아 이야기를 나눕니다. '넓다'와 '좁다'의 개념, 2가지 물건을 비교하고 말로 설명하기, 수업 활동 중 어려웠던 점, 재미있었던 일, 아쉬운 일, 느낀 점 등에 대해 이야기하세요.

○ 중요 단어 및 생활에서 찾아보기 – 2분

– 중요 단어 : 넓다, 좁다, 2가지 물건, 비교하기
– 생활에서 찾아보기 : 아래의 그림을 보고 '넓다'와 '좁다'의 표현을 사용

해 설명합니다.

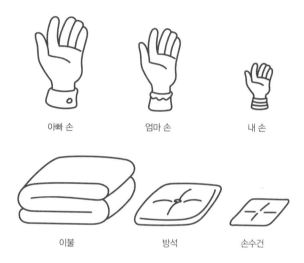

아빠 손　　　　　엄마 손　　　　　내 손

이불　　　　　방석　　　　　손수건

○ 과정중심평가 성취기준

1. '넓다'와 '좁다'의 의미를 이해할 수 있는가?

2. 점프 과제를 해결하고, 해결 과정을 설명할 수 있는가?

3. 점프 과제 및 하브루타 활동에 적극적으로 참여하는가?

어느 것에 더 많이
담을 수 있을까요?

○ 학습 목표

어느 것에 더 많이 담을 수 있는지 알아보기

○ 핵심 내용 – 13분

– '담다'의 의미 이해하기

'담다'의 의미를 찾아보면 '채운다, 붓다'라고 적혀 있습니다. 물론 초등
학교 1학년 학생들에게 어려운 낱말일 수도 있습니다. 하지만 다양한
생활 속 소재(아이들이 좋아하는 풀장, 아이스크림 등)를 활용하여 의미를
설명하면 쉽게 이해할 수 있습니다.

– 양의 개념 이해하고 비교하기

양은 '채워진 정도'를 나타냅니다. 현재 눈에 보이는 양의 상태라고 말
할 수 있겠네요. 양의 비교는 어떻게 하면 가장 이해하기 쉬울까요?

양은 2가지 측면에서 비교할 수 있어야 합니다. 먼저 물건의 크기를 살
피고, 다음으로 그 물건에 채워진 정도를 살펴야 합니다. 즉 크기가 같
은 물건에서 양을 비교하거나 크기가 다른 물건에서 양을 비교할 수 있

어야 한다는 뜻입니다.

○ 점프 과제 해결하기 – 20분

다음 그림을 보고, 많이 담을 수 있는 것을 순서대로 말하세요.

우유통   텀블러   참기름통

> **꿀팁** 아이들의 대답을 듣고 추가 질문을 하는 것도 좋습니다. 예를 들어 "두 번
> 째로 많이 담을 수 있는 것은 무엇일까요?" "왜 우유통에 가장 많이 담을 수 있다
> 고 생각했나요?"는 어떤가요?

○ 하브루타로 배운 내용 정리하기 – 5분

짝과 함께 양의 개념, 담을 수 있는 양의 많고 적음에 관한 내용, 담을 수
있는 생활 속 물건, 수업 활동 중 어려웠던 점, 재미있었던 일, 아쉬운 일, 느
낀 점 등을 이야기합니다.

○ 중요 단어 및 생활에서 찾아보기 - 2분

    - 중요 단어 : 담을 수 있는 양, 많다, 적다, 비교하기

    - 생활에서 찾아보기 : 생활 속에서 담을 수 있는 양을 비교할 수 있는 물건 3가지를 제시합니다.

우유   생수   참기름

    담을 수 있는 양을 비교한 후에 "어떤 물건의 가격이 가장 비쌀까요? 왜 그렇게 생각했나요?"라는 질문을 던져봅니다. 이로써 양이 많다고 무조건 가격이 비싼 것은 아니라는 점을 알려줄 수 있습니다.

○ 과정중심평가 성취기준

    1. 담을 수 있는 양의 많고 적음을 이해할 수 있는가?

    2. 점프 과제를 해결하고, 해결 과정을 설명할 수 있는가?

    3. 점프 과제 및 하브루타 활동에 적극적으로 참여하는가?

50까지의 수

· 워밍업 활동

수업에 들어가기 전 이것만큼은 꼭!!!

1학년 1학기 교육과정은 50까지의 수를 익히는 것입니다. 그런데 사실 취학 전 사설교육기관이나 유치원에서 더 큰 수까지 공부하고 오는 학생들이 많습니다. 그럼, 가르치지 않아도 될까요?

초등 교육은 교육과정에 충실해야 합니다. '이미 배웠으니까! 이미 다 아니까!'라고 단정 지어 생각하면 안 됩니다. 학생들의 특성, 수준 및 선행 정도를 파악해 교육과정을 재구성하여 지도해야 합니다.

선생님이 "9 다음의 수가 무엇일까?"하고 물으면 학생들은 당연하다는 듯이 "10이요."라고 잽싸게 대답합니다. 이때 선생님이 "왜 10일까?"라고 물으면 거의 모든 학생이 매우 당황합니다. 왜냐하면 왜 10인지는 배우지 않았고 또 한 번도 생각해보지 않았기 때문입니다. 이때 10진법에 의거해 설명해줍니다. 일의 자리가 0부터 9까지 올라간 후, 9 다음 1 큰 수는 한 자릿수가 올라갑니다. 즉 십의 자리가 1로 바뀌고 일의 자리는 0부터 시작해 다시 9까지 커지는 것입니다.

이렇게 바뀌는 수를 쓰고 읽는 방법도 지도가 필요합니다. 사실 쓰는 것은 어렵지 않습니다. 감춰져 있던 십의 자리의 0이 1로 바뀌고, 일의 자리는 다시 0부터 시작해 하나씩 커지면 되니까요. 그러니 9 다음이 10이 되고, 이를 '십'이라고 읽는다는 규칙을 알려주면 됩니다.

10을 여러 가지 방법으로 나타내보면 좀 더 쉽게 이해할 수 있습니다. 어떤 방법이 좋을까요? 당연히 재미있고 쉽게 가르쳐야 합니다. 모으기와 가르기를 활용하면 어떨까요?

먼저 모으기는 3과 7을 혹은 4와 6을 더해서 10을 만드는 것입니다. 바둑돌이나 일의 자리 수 모형을 활용하면 이전에 지도한 10의 개념과 연관 지어 지도하기 편합니다.

가르기는 10을 4와 6으로 혹은 3과 7로 나누는 것입니다. 이때도 바둑돌이나 공깃돌, 수 모형을 활용합니다. 10을 가르는 방법이 여럿 있다는 사실을 짝과 함께 가르기 놀이를 하며 알 수 있으면 금상첨화입니다.

10은 어떤 수일까요?

○ 학습 목표

10은 어떤 수인지 알아보기

○ 핵심 내용 – 13분

– 수 10의 개념 이해하기

"9 다음 수는 무엇일까?" 이 질문으로 10을 도입할 수 있습니다. 혹은 바둑알이나 사탕 등 실물자료를 이용할 수도 있습니다. 그리고 "9 다음이 왜 10이라고 생각했나요?"라는 추가 질문으로 학생들의 생각도 들어봅니다.

– 10진법 이해하기

10은 10진법에 의거하여 일의 자리 수가 9를 넘으면 십의 자리로 올라가는 것이라고 간단하게 설명해줘도 됩니다. 하지만 1학년 학생들은 아직 이해하기 어려운 개념일 수도 있습니다. 그래서 생활 속에서 10진법이 사용되는 경우(손가락셈이나 나이, 온도계 등)를 찾아 이야기하는 것이 좋습니다.

그리고 "9 다음 수는 얼마일까?" "19 다음 수는 무엇일까?" "29 다음 수는 무엇일까?" 이러한 질문을 반복해서 던지다보면 10진법에 익숙해질 수 있습니다. 이때 수 모형을 활용하면 도움이 됩니다.

○ 점프 과제 해결하기 – 20분

1. 주어진 낱개의 수 모형(3과 7, 6과 4)을 세어보고, 선생님에게 말로 설명 해주세요.
2. 10개짜리 수 모형을 낱개로 가르기하세요. 2가지 다른 방법으로 하세요.

✎ **준비물 : 수 모형**(개인별 : 낱개짜리 10개, 10개짜리 1개)

꿀팁 학생들이 문제를 읽고 이해하지 못할 경우에는 선생님이 수 모형을 가지고 직접 시범을 보여주세요. 그리고 궤간순회를 통해 도움이 필요한 학생들에게 도움을 주면서 학생들의 관심이 수업에서 벗어나지 않도록 합니다.

○ 하브루타로 배운 내용 정리하기 – 5분

짝과 함께 배운 내용을 찾아 이야기합니다. 이번 수업에서 배운 것은 9 다음의 수, 10의 개념, 수 모형, 점프 과제 내용입니다. 더불어 수업 활동 중 어려웠던 점, 재미있었던 일, 아쉬운 일, 느낀 점 등도 이야기하면 좋습니다.

○ 중요 단어 및 생활에서 찾아보기 – 2분

– 중요 단어 : 9 다음의 수, 10, 가르기, 1과 9, 2와 8, 3과 7, 4와 6, 5와 5

꿀팁 1학년 학생들의 입에서 오늘 배운 중요 단어가 나오면 더 좋겠지만, 그것이 어렵다면 교사가 직접 제시해도 괜찮습니다.

– 생활에서 찾아보기 : 삶과 연계한 수학교육은 반드시 필요합니다. 이번에는 〈산토끼〉 노래를 부르며 배운 내용을 익힙니다.

먼저 신나게 〈산토끼〉 1절을 함께 부릅니다. 그리고 "우리가 부른 노래에 토끼가 몇 번 나왔나요?" "몇 번 더 나와야 10마리가 될까요?"와 같은 질문을 던집니다. 아이들의 대답을 기다려 대답한 내용으로 덧셈식을 만듭니다.

○ 과정중심평가 성취기준

1. 9 다음 수인 10을 이해할 수 있는가?
2. 점프 과제를 해결하고, 해결 과정을 설명할 수 있는가?
3. 점프 과제 및 하브루타 활동에 적극적으로 참여하는가?

모으기와 가르기로
십 몇 나타내기

O **학습 목표**

십 몇을 모으기와 가르기로 나타내기

O **핵심 내용 - 13분**

– 십 몇 이해하기

십 몇을 십의 자리와 일의 자리로 나누어 이해하기, 십 몇을 수 모형으로 묶음과 낱개로 나누어 이해하기, 십 몇을 세어보고 읽기, 모으기와 가르기로 십 몇을 나타내기 등 다양한 활동으로 십 몇에 대한 학생들의 이해를 높입니다. 또한 십 몇이 무엇인지 학생들에게 질문하고 함께 이야기하는 시간을 가지는 것도 필요합니다. 수학을 잘하려면 우리 학생들에게 무엇이 필요할까요? 문제해결력? 물론 중요합니다. 하지만 개념을 정확하게 알고 문제를 이해하는 것이 더 중요합니다.

O **점프 과제 해결하기 - 20분**

1. 짝과 함께 14 혹은 15를 묶음과 낱개로 나타내고, 그 과정을 선생님에

게 설명하기 (짝 활동)

2. 선생님과 함께 모으기와 가르기 활동하기 (전체 활동)

꿀팁 점프 과제를 해결하는 데 필요한 수 모형 혹은 바둑알은 수업 전 선생님이 미리 준비합니다. 선생님이 제시한 숫자를 가지고 수 모형이나 바둑알로 모으기와 가르기를 합니다.

○ 하브루타로 배운 내용 정리하기 − 5분

짝과 함께 배운 내용을 찾아 정리하는 이 활동은 학습 내용을 얼마나 잘 이해했는지를 확인할 수 있는 좋은 시간입니다. 이번 수업에는 십 몇 알아보기, 십 몇을 묶음과 낱개로 나타내기, 십 몇의 모으기와 가르기, 점프 과제 내용을 배웠습니다. 더불어 수업 활동 중 어려웠던 점, 재미있었던 일, 아쉬운 일, 느낀 점 등도 이야기 나눕니다.

○ 중요 단어 및 생활에서 찾아보기 − 2분

 − 중요 단어 : 십 몇, 수 모형, 묶음과 낱개, 모으기와 가르기

 − 생활에서 찾아보기 : 사탕 15개를 묶음과 낱개로 말하기, 사탕 15개로 모으기와 가르기를 해보며 생활 속에서 수학을 실천해보자.

1. 십 몇을 묶음과 낱개로 나타낼 수 있는가?

2. 십 몇으로 모으기와 가르기를 할 수 있는가?

3. 짝과 협동하여 점프 과제를 해결하고, 해결 과정을 설명할 수 있는가?

10개씩 50까지의 수를 세어볼까요?

○ **학습 목표**

10개씩 묶어 50까지의 수 세어보기

○ **핵심 내용 – 13분**

– '10개씩 묶어 세기' 이해하기

"10개씩 묶어 세기는 무엇일까요?" 질문을 던지고 학생과 함께 이야기를 나눕니다. 질문은 학생들의 다양한 사고를 유발합니다. 수업시간에 교사와 학생들 간에 질문과 대답이 오간다는 것은 배움이 일어나는 살아있는 교실이라는 증거입니다.

– 10개씩 묶어 50까지 세어보기

10개씩 묶어 읽고 써보기(5묶음까지), 10개씩 묶음과 낱개의 수를 읽고 써보기 등으로 묶음과 낱개로 50까지의 수 세기를 익힙니다.

○ **점프 과제 해결하기 – 20분**

짝과 함께 주어진 바둑알 36개 혹은 28개를 세어보고, 10개 묶음과 낱개로 나타낸 후 읽어보세요. 점프 과제를 해결한 학생들에게 3가지 질문을 던져 문제해결 과정을 확인합니다. "세어보니 몇 개였나요?" "10개 몇 묶음과 낱개 몇 개로 나타냈나요?" "나타낸 것을 읽을 수 있나요?"

✏️ 준비물 : 바둑알

○ 하브루타로 배운 내용 정리하기 – 5분

짝과 함께 질문하고 설명하며 배운 내용을 찾아봅니다. 이번 수업에서는 10개씩 묶어 세고 읽기, 50까지의 수 세고 읽기, 점프 과제 내용을 배웠습니다. 수업 활동 중 어려웠던 점, 재미있었던 일, 아쉬운 일, 느낀 점 등도 함께 이야기하면 좋습니다.

○ 중요 단어 및 생활에서 찾아보기 – 2분

- 중요 단어 : 50, 10개씩 묶어 세고 읽기, 묶음과 낱개 세고 읽기, 50까지의 수, 바둑알
- 생활에서 찾아보기 : 여러 가지 묶음 사진을 보고 10개씩 묶어 50까지의 수를 세어 익혀보자.

○ 과정중심평가 성취기준

1. 10개씩 묶어 세고 읽을 수 있는가?
2. 50까지의 수를 세고 읽을 수 있는가?
3. 짝과 협동하여 점프 과제를 해결하고, 해결 과정을 설명할 수 있는가?

생활 속에서 발견하는 여러 가지 모양

우리의 생활 환경을 살펴보면 도형들이 많이 보입니다. 하지만 그동안 신경 써서 보지 않았다면 '이런 도형들도 있었나?' 하며 새삼 신기하게 느껴지기도 합니다.

차를 타고 가다보면 과속방지턱이 있습니다. 과속방지턱 무늬를 살펴본 적이 있나요? 바로 평행사변형 모양입니다. 좀 더 주의를 기울이면 신호등 옆에 있는 위험물 표시 역시 검정색, 노랑색이 평행사변형 모양으로 반복되는 것을 알 수 있습니다. 왜 하필 평행사변형일까요?

바로 평행사변형의 특징 때문입니다. 같은 넓이라면 더 크게 보이기 때문에 다른 도형에 비해 멀리에서도 잘 보인다고 합니다. 과속방지턱이나 위험물 표시는 눈에 잘 띄어야 하기 때문에 평행사변형을 사용하는 겁니다. 그런데 우리들이 좋아하는 떡 절편도 평행사변형 모양이네요?

우리 주위에는 원 모양을 한 물건도 많이 있는데요. 학생들이 좋아하는 피자도 그 중 하나입니다. 그런데 피자는 왜 원 모양일까요?

먼저 원의 특징을 알아야 합니다. 원은 가장 실용적이고 효율적인 도형입니다. 수많은 도형 중에서 최소의 길이로 최대의 공간을 만들 수 있는 도형

| 평행사변형 | 원 | 삼각형 |

이 바로 원입니다. 즉 피자가 둥근 모양인 것은 작은 반죽 덩어리로 최대의 공간을 만들어 그 위에 피자 재료를 많이 얹기 위함입니다. 다른 모양의 접시보다 둥근 접시에 더 많은 음식을 담을 수 있는 것, 둥근 테이블에 더 많은 접시를 올려놓을 수 있는 것과 같은 이치입니다. 또한 피자 반죽을 둥글게 하면 구울 때 열이 골고루 전달됩니다. 이는 어느 한쪽에 열이 더 많이 가해져 타지 않는다는 의미입니다.

마지막으로 생활 속에서 삼각형이 활용되는 경우도 많습니다. 과학시간에 실험할 때, 알코올램프를 올려놓는 삼발이를 보면 3개의 다리가 삼각형을 이룹니다. 그리고 카메라를 올려놓고 찍는 삼각대 역시 삼각형 모양입니다. 그럼, 왜 삼각형을 사용할까요?

그것은 바로 안정감 때문입니다. 사각형은 삼각형에 비해 안정감이 떨어집니다. 울퉁불퉁한 땅이라면 4개의 다리보다 3개의 다리로 균형을 잡는 것이 보다 수월합니다.

0과 수, 숫자에 관한 이야기

인류 문명의 발전에 가장 큰 영향을 미친 숫자로 '0'을 빼놓을 수가 없는데요. 역사적으로는 고대 바빌로니아의 점토판에 새겨진 쐐기 문자에서 0에 해당하는 기호가 발견되었다고 합니다. 이 기호는 수를 표기할 때 빈자리를 채우는 기호였다고 하네요. 또 마야 문명에서는 그림 문자로 숫자를 나타냈는데, 0을 '아래턱에 손을 괸 얼굴' 모양으로 아주 재미있게 표시했습니다.

인도-아라비아 숫자가 생겨난 인도에서도 처음에는 자릿수에 해당하는 숫자가 없으면 그 칸을 비워놓다가, 6세기 초 그 빈칸을 메우기 위해 인도의 산스크리트어 중 '공백, 부재'를 의미하는 '슈냐'에 해당하는 표기인 작은 동그라미(●이나 ○)를 사용하기 시작했습니다.

0의 발견은 수를 나타낼 때 각 숫자의 값이 위치에 따라 결정되는 방법을 등장시켰습니다. 예를 들어 85에서 8이 80을 나타내는 것처럼 0은 8이 십의 자리임을 나타낼 수 있도록 해주었지요.

이번에는 수와 숫자에 관해 이야기해볼까요? 수와 숫자는 같을까요? 다를까요?

숫자는 기호를, 수는 크기를 나타냅니다. 즉 숫자는 수를 나타내는 데 사용하는 0, 1, 2, … 9라는 기호를 의미하고, 수는 숫자를 통하여 나타내는 크기나 양, 순서 등입니다.

예를 들어 꽃 세 송이나 딸기 세 개에서 '세'는 수이고, 이것을 인도–아라비아 숫자로 쓰면 '3'이 되는 것입니다. 잘 모르겠다고요? 이런 설명은 어떤가요? 80이라는 수는 십의 자리 숫자 8과 일의 자리 숫자 0으로 이루어진 두 자리 수이고, 숫자 8과 숫자 0은 80을 만드는 기호입니다.

초등교사를 위한

재미있는 수학

1학년
2학기

$+ - \times \div =$

수학은 내 친구

시간과 시계 이야기

　우리가 12라는 숫자를 가장 자주 발견하는 곳은 어디일까요? 벽이나 손목에 있는 시계일 것입니다. 그런데 시계의 숫자는 왜 10이 아니고 12로 되어 있을까요? 시간을 나타내는 숫자 '12'를 발견한 사람들은 메소포타미아 문명을 이룩하였던 고대 수메르인 혹은 바빌로니아인인 것으로 알려져 있습니다.

　지구는 태양 주위를 1년에 한 번 도는데, 이런 현상을 공전이라고 하지요. 지구의 공전은 약 9억 5,000만km의 거리를 365일 5시간 48분 46초 동안 움직이는 것입니다. 1년은 지구의 공전주기인 365.2422일을 기준으로 정해졌습니다. 그럼, 1달은 어떻게 정했을까요? 바로 달의 공전주기인 29.53059일을 기준으로 정해졌습니다.

　이렇게 고대 인류는 1년을 365일로, 1달을 30일로 하는 총 12달로 구성된 달력을 만들었습니다. 물론 두 공전주기가 12로 딱 떨어지지 않아 윤달(2월에 4년에 한 번씩 29일이 있다)을 넣어야 했지요. 지구의 공전주기와 달의 공전주기로부터 12라는 숫자를 발견한 사람들은 지구의 자전주기인 1일(하루)도 12라는 숫자로 나누었습니다.

한편 중국에서는 십이지 동물로 시간을 구분했습니다. 하루 24시간을 2시간씩 나누어 십이지에 따라 이름 붙인 것이지요. 십이지의 순서는 자(쥐)−축(소)−인(호랑이)−묘(토끼)−진(용)−사(뱀)−오(말)−미(양)−신(원숭이)−유(닭)−술(개)−해(돼지)입니다.

시간에 대해 이야기를 나누다보면 가끔 학생들에게 당황스런 질문을 받곤 합니다. 예를 들어 이런 겁니다.

"선생님! 왜 시계는 1부터 12까지만 있어요? 하루가 24시간이니까 24까지 있어야 하는 거 아니에요?"

"선생님! 시계는 왜 0이 아니고 1부터 있어요?"

정말 관찰력이 뛰어난 아이들이지요? 사실 이런 질문은 나올 수밖에 없습니다. 왜 그럴까요?

오늘날에는 한밤중을 0시로 하여 하루를 24시간으로 하는 시간 표기가 표준입니다. 전 세계적으로 'hh:mm:ss'라고 표기하기로 약속한 것이지요. 그래서 9시 45분 7초는 09:45:07로 표시합니다. 이때 시간의 초 단위 이하는 다시 10진법으로 계산합니다. 달리기 기록에서 9.74초와 같은 기록이 나오는 것은 이 때문이지요.

하루를 오전/오후 각각 12시간으로 나누는 전통적 방식을 쓰는 미국이나 캐나다, 그리고 우리나라에서는 오전은 am을, 오후는 pm을 시간 뒤에 붙여 구분합니다. 하지만 이 경우 낮 12시와 밤 12시의 표기가 헷갈립니다. 왜냐하면 오전 11:59의 1분 후인 12:00을 오전(am)의 끝으로 봐야 할지, 오후(pm)의 시작으로 봐야 할지 고민되기 때문이지요. 사람들은 낮 12시는 12:00pm, 밤 12시는 12:00am로 표기하기로 약속했지만, 여전히 헷갈려 하는 사람들이 많습니다. 사실 24시간제는 이런 혼동을 피하기 위해 고안된 것입니다.

마지막으로 시계의 숫자는 0~11이 아니라 1~12로 되어 있기 때문에 시계 바늘은 0이 아니라 12에서 출발합니다. 물론 시계 숫자판에서 12를 떼어 내고 0으로 바꾼 시계도 있고, 숫자판이 24까지 있는 시계도 있습니다. 24시간제는 시간 간격을 계산할 때도 편리한데요. "오전 8:30에 등교하여 오후 4:30에 하교한다면 학생이 학교에서 보낸 시간은 얼마일까요?" 이 문제에 나온 시간 그대로 계산하는 것은 어렵지만 24시간제를 적용해 오후 4:30을 16:30으로 표기하여 계산하면 8시간이 금방 나옵니다. 참 쉽지요?

1단원 100까지의 수

· 워밍업 활동

수업에 들어가기 전 이것만큼은 꼭!!!

"100이 얼마일까요?" 수업에 들어가기 전에 물으면 좋을 질문입니다. 100까지의 수를 이미 알고 있는 학생도, 그렇지 않은 학생도 순간 생각해보게 됩니다. 선생님의 이 질문 하나로 학생들의 사고력이 향상될 수 있습니다. 나올 수 있는 대답은 상당히 다양합니다. "99보다 1 큰 수", "99 다음 수", "90보다 10 큰 수", "101보다 1 작은 수", "10이 10묶음인 수" 등등.

100이라는 수의 개념을 말로 표현하기 위해서는 다음 내용을 익히는 것이 중요합니다.

– ~보다 얼마 큰 수   – 낱개로 얼마인 수

– 묶음으로 얼마인 수   – 짝수? 홀수?

생활 속에서 100이라는 수를 찾아보는 것도 재미있는 활동입니다. 예를 들어 100원짜리 동전, 100% 생과일주스, 100번 버스 등이 있습니다.

99까지의 수 알아보기

○ 학습 목표

99까지의 수 알아보기

○ 핵심 내용 – 13분

– 99까지의 수 이해하기

먼저 몇 십을 알아봅니다. 수 60, 70, 80, 90을 읽고 써봅니다. 그러고 나서 수 모형으로 10개씩 묶음으로 나타냅니다.

다음으로 99까지의 수를 알아봅니다. 수 65, 76, 87, 99를 읽고 써봅니다. 이때 십의 자리 숫자와 일의 자리 숫자로 나누어 자릿값에 따라 읽는 법을 지도합니다.

– 99까지의 수를 묶음과 낱개로 나누어 이해하기

수 65, 76, 87, 99를 읽고 써본 후, 십의 자리는 몇인지, 일의 자리는 몇인지 나누어 알아보는 시간을 갖습니다.

○ 점프 과제 해결하기 – 20분

짝과 함께 '주사위를 던져라' 게임하기

1. 주사위를 2번 던집니다. 먼저 나온 수를 십의 자리에, 두 번째 나온 수를 일의 자리에 적습니다. 예를 들어(6, 2)가 나오면 '62'라고 쓰고, '육십이'라고 읽습니다.(다만, 주사위를 던졌을 때 처음에 나온 수가 1~4라면 꽝! 기회가 짝에게 넘어갑니다.)

2. 주사위를 던져 나온 수 '62'를 넣어 문장을 만듭니다. 예를 들면 "우리 할머니 연세는 62세입니다."입니다.

꿀팁 학생들이 점프 과제에 들어가기 전 주사위를 2번 던져 나온 수를 차례대로 적으면 된다는 점, 나온 수를 묶음과 낱개로 말한다는 점을 한 번 더 이야기해주세요.

점프 과제가 일찍 끝난 학생들은 교과서에 있는 51부터 99까지 수로 만들어진 수 놀이판(1학년 2학기 1단원 100까지의 수, 21쪽)을 활용해 놀이 활동을 해도 좋습니다. 놀이 방법은 다음과 같습니다.

1. 주사위를 굴려 나온 수만큼 말을 움직입니다.

2. 말이 놓인 칸의 수를 바르게 읽고, 그 수를 넣어 문장을 만듭니다. 예를 들어 '52'가 나오면 "오십이, 내가 좋아하는 야구 선수의 등 번호가 52번이야."라고 말하는 것이지요.

✎ 준비물 : 주사위

○ 하브루타로 배운 내용 정리하기 – 5분

짝과 함께 99까지의 수 알아보기, 묶음과 낱개로 나타내기, 몇 십 세어보고 말하기, 그리고 점프 과제 내용, 수업 활동 중 어려웠던 점, 재미있었던 일, 아쉬운 일, 느낀 점 등에 대해 자유롭게 이야기합니다.

○ 중요 단어 및 생활에서 찾아보기 – 2분

- 중요 단어 : 몇 십, 99까지의 수, 묶음과 낱개, 수 놀이, 문장으로 말하기

- 생활에서 찾아보기 : 그림을 보고 묶음과 낱개를 알아본 후, 수를 세어 읽고 쓰면서 익혀보자.

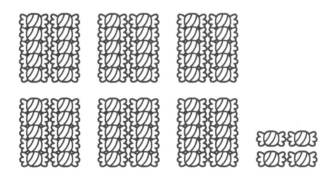

○ 과정중심평가 성취기준

1. 99까지의 수를 이해하고, 묶음과 낱개로 나타낼 수 있는가?

2. 짝과 협동하여 점프 과제를 해결하고, 해결 과정을 설명할 수 있는가?

3. 게임 및 하브루타 활동에 적극적으로 참여하는가?

어느 수가 더 클까요?

O **학습 목표**

수의 순서와 수의 크기 알아보기

O **핵심 내용 – 13분**

– 수의 순서 이해하기

'수의 순서'의 개념을 살펴봅니다. 수의 차례, 99 다음의 수에 대해 알아

보고, 100의 개념까지 이야기하는 것도 괜찮습니다.

– 수의 크기 비교 이해하기

두 수의 크기 비교하기, 세 수의 크기 비교하기를 배우며 수 모형으로

알아보기, 십의 자리 수로 알아보기, 일의 자리 수로 알아보기 등의 방

법을 익힙니다.

– 수의 크기 비교 표현하기

수의 크기 비교를 식으로, 말로 표현합니다. 예를 들어 82와 67의 크

기 비교를 식으로, 말로 해봅니다. 67〈82, 67은 82보다 작습니다,

82〉67, 82는 67보다 큽니다. 실생활 소재를 가지고 배운 내용을 다시

한번 확인합니다.

✏️ 준비물 : 수 모형

○ 점프 과제 해결하기 – 20분

> 62, 57, 88, 99, 100

1. 위의 수들을 작은 순서대로, 큰 순서대로 각각 나타내보세요.
2. 위의 수에서 2개를 골라, 수의 크기를 비교하세요.

꿀팁 선생님은 학생들이 식으로, 말로 수의 크기를 비교하는 내용에 귀를 기울이다가 왜 그렇게 생각했는지 이유를 물어봐주세요.

○ 하브루타로 배운 내용 정리하기 – 5분

짝과 함께 배운 내용을 찾아 이야기를 나눕니다. 수의 순서, 수의 크기 비교, 100, 점프 과제 내용, 수업 활동 중 어려웠던 점, 재미있었던 일, 아쉬운 일, 느낀 점 등을 자유롭게 이야기합니다.

○ 중요 단어 및 생활에서 찾아보기 – 2분

- 중요 단어 : 수의 순서, 수의 크기 비교, 수 모형, 두 수의 크기 비교, 세 수의 크기 비교, 말과 식
- 생활에서 찾아보기 : 야구선수 등 번호를 가지고 두 수의 크기를 비교

하고 세 수의 크기를 비교합니다.

✎ 준비물 : 야구선수 등 번호 사진

○ 과정중심평가 성취기준

1. 수의 순서와 수의 크기 비교를 이해하는가?

2. 점프 과제를 해결하고, 해결 과정을 설명할 수 있는가?

3. 자신감 있게 발표하고, 하브루타 활동에 적극적으로 참여하는가?

짝수와 홀수를 알아볼까요?

○ 학습 목표

짝수와 홀수 알아보기

○ 핵심 내용 – 13분

– 짝수와 홀수의 개념 이해하기

짝수의 개념은 짝이 되는 것, 함께 할 수 있는 수(2, 4, 6)입니다. 홀수의 개념은 모두 짝이 되지 않고, 홀로 남는 수(1, 3, 5)입니다.

– 짝수 + 홀수 = 홀수

짝수와 홀수를 더하면 어떤 수가 될까요? 질문을 통해 학생들과 함께 이야기해봅니다. 짝수와 홀수를 더하면 자연수 중에서 홀수가 됩니다.

○ 점프 과제 해결하기 – 20분

1. 나와 짝꿍이 만나면 짝수일까요? 홀수일까요?

2. 우리 모둠 학생 수는 짝수일까요? 홀수일까요?

3. 우리 반 학생 수는 짝수일까요? 홀수일까요?

○ 하브루타로 배운 내용 정리하기 - 5분

　짝과 함께 배운 내용을 정리해봅니다. 짝수와 홀수의 개념, 점프 과제 내용, 수업 활동 중 어려웠던 점, 재미있었던 일, 아쉬운 일, 느낀 점 등을 이야기합니다.

○ 중요 단어 및 생활에서 찾아보기 - 2분

　– 중요 단어 : 짝수와 홀수

　– 생활에서 찾아보기 : 젓가락, 양말, 신호등, 세발자전거 등 생활에서 사용하는 물건으로 짝수와 홀수를 익혀보자.

　✎ **준비물 : 젓가락, 양말, 신호등, 세발자전거 사진**

○ 과정중심평가 성취기준

　1. 짝수와 홀수의 개념을 정확하게 이해하는가?

　2. 점프 과제를 해결하고, 해결 과정을 설명할 수 있는가?

　3. 자신감 있게 발표하고, 하브루타 활동에 적극적으로 참여하는가?

덧셈과 뺄셈(1)

· 워밍업 활동

수업에 들어가기 전 이것만큼은 꼭!!!

덧셈과 뺄셈은 생활 속에서 많이 사용합니다. 초등학교 1학년 1학기 때부터 배우는 덧셈과 뺄셈은 학생들이 많이 지루해하고 또 어려워하는 내용입니다.

이 단원에서는 덧셈으로는 (몇 십 몇+몇), (몇 십+몇 십), (몇 십 몇+몇 십 몇)을, 뺄셈으로는 (몇 십 몇-몇), (몇 십-몇 십), (몇 십 몇-몇 십 몇)을 배우게 됩니다. 다행히 1학년 2학기에는 받아올림이나 받아내림이 없기 때문에 큰 어려움 없이 문제를 풀 수 있습니다.

개념 정리 후에는 눈에 보이는 수 모형을 가지고 덧셈과 뺄셈을 해보는 것이 효율적입니다. 그런 다음 계산식을 만들어 덧셈과 뺄셈을 해결하세요. 계산식으로 해결할 때는 교사가 일방적으로 설명하기보다 학생들과 의사소통을 통해 해결 방법을 찾도록 합니다. 계산식은 자릿값에 따라 해결하는 것이 이해하기 쉬운 방법입니다.

학생들이 많이 참여할 수 있는 방법을 알고 싶으신가요? 저는 아무

말 없이 하는 '마임(mime)'을 활용합니다. 먼저 수 모형을 준비합니다.

예를 들어 '24+3'을 마임으로 표현해볼까요?

1. 24를 마임으로 표현합니다. 20은 십의 자리 수 모형 2개를 보여주고, 4는 일의 자리 수 모형 4개를 보여줍니다.

2. 십의 자리 수 모형을 보여줘도 1학년 학생들은 20이 아니라 2라고 대답할 수 있습니다. 그러면 한 번 더 마임으로 십의 자리 수 모형과 일의 자리 수 모형을 구별하여 보여줍니다.

3. 3도 일의 자리 수 모형으로 표현합니다.

4. 선생님이 보여준 마임을 보고 학생들이 결과 값을 알아맞히면 마임으로 24+3의 결과 값인 27을 표현해 답을 확인시켜줍니다.

이 활동 후 제가 깨달은 것은, 학생들을 수업에 적극적으로 참여하게 하려면 선생님이 말을 줄이면 된다는 사실입니다. 꼭! 기억하세요. 마지막으로 워밍업 활동은 단원에 들어가기 전의 준비 운동일 뿐이니 절대로 욕심을 부려서는 안 됩니다.

덧셈의 개념 이해하기

○ 학습 목표

덧셈 알아보기

○ 핵심 내용 – 13분

– 덧셈의 개념 이해하기

덧셈의 개념을 정확하게 이해하는 것이 중요합니다. '커진다, 늘어난다, 증가한다, 많아진다' 등의 표현으로 개념을 설명합니다. 필요에 따라서는 수 모형으로 덧셈으로 나타냅니다.

– 다양한 덧셈 이해하기

수 모형으로 묶음과 낱개 더하기, 묶음과 낱개로 이루어진 수에 낱개 더하기 등을 해보면서 '덧셈은 처음의 수보다 무조건 커진다'는 사실을 학생들이 스스로 찾거나 익힐 수 있도록 유도합니다.

– 덧셈 계산하기

자릿값에 따라 더하기, 수 모형을 이용해 더하기 등을 해봅니다.

✏ 준비물 : 수 모형

○ **점프 과제 해결하기 – 20분**

1. 21과 3을 수 모형으로 만들고 더하세요. 얼마일까요?

2. 20과 30을 수 모형으로 만들고 더하세요. 얼마일까요?

3. 21과 12를 수 모형으로 만들고 더하세요. 얼마일까요?

○ **하브루타로 배운 내용 정리하기 – 5분**

수업에서 배운 내용을 짝과 함께 찾아봅니다. 덧셈의 개념, 점프 과제 내용, 수를 수 모형으로 나타내 세기 등은 물론 수업 활동 중 어려웠던 점, 재미있었던 일, 아쉬운 일, 느낀 점 등도 이야기합니다. 배운 내용을 정리하는 활동을 저학년부터 습관화해주면 메타인지 향상에 도움이 됩니다.

○ **중요 단어 및 생활에서 찾아보기 – 2분**

– 중요 단어 : 덧셈, 증가, 수 모형, 자릿값

– 생활에서 찾아보기 : 멜로디언의 하얀색 건반 수와 검은색 건반 수를 세어 더해보자.

✎ **준비물 : 멜로디언**

○ **과정중심평가 성취기준**

1. 덧셈의 개념을 이해하는가?

2. 점프 과제를 해결하고, 해결 과정을 설명할 수 있는가?

3. 자신감 있게 발표하고, 하브루타 활동에 적극적으로 참여하는가?

덧셈식 만들어
계산하기

○ **학습 목표**

덧셈식을 만들어 계산하기

○ **핵심 내용 – 13분**

– 덧셈식의 개념 이해하기

덧셈식은 두 수를 덧셈으로 표현한 것이고, 그 형태는 '30+20'과 같습니다. 학생들과 덧셈식에 대해 이야기하는 시간을 갖습니다.

– 덧셈식 만들고 계산하기

덧셈식은 두 수 사이에 덧셈 기호를 사용해 만듭니다. 덧셈식을 계산할 때는 자릿값에 맞춰 수 더하기, 더한 값을 수로 나타내기, 수 모형으로 보여주기 등의 방법을 사용합니다. 1학년 학생들은 눈으로 직접 확인할 수 있도록 실물이나 조작 자료를 가지고 가르치는 것이 효율적입니다.

✎ **준비물 : 수 모형**

○ **점프 과제 해결하기 – 20분**

1. 60과 10을 수 모형으로 만들어보세요. 두 수를 덧셈식으로 나타내고 계산하세요. 얼마일까요?
2. 54와 21을 수 모형으로 만들어보세요. 두 수를 덧셈식으로 나타내고 계산하세요. 얼마일까요?

○ 하브루타로 배운 내용 정리하기 – 5분

짝과 함께 배운 내용을 찾아봅니다. 덧셈 기호와 덧셈식, 수 모형, 점프 과제 내용, 덧셈 계산하기, 그리고 수업 활동 중 어려웠던 점, 재미있었던 일, 아쉬운 일, 느낀 점 등에 대해 이야기합니다.

○ 중요 단어 및 생활에서 찾아보기 – 2분

- 중요 단어 : 덧셈식, 덧셈 기호, 자릿값, 계산하기
- 생활에서 찾아보기 : 달걀 사진을 보고 덧셈식을 만들고 계산합니다. 학생들에게 판매하는 다양한 달걀의 구성을 보여주며 "달걀 개수가 왜 다를까요?"를 질문하고 생각을 듣습니다. 그리고 달걀 개수로 덧셈식을 익힙니다.

○ 과정중심평가 성취기준

1. 덧셈식을 정확하게 이해하는가?
2. 점프 과제를 해결하고, 해결 과정을 설명할 수 있는가?
3. 자신감 있게 발표하고, 하브루타 활동에 적극적으로 참여하는가?

생활 속에서
덧셈을 해볼까요?

○ **학습 목표**

생활 속에서 덧셈을 발견하고 해결하기

○ **핵심 내용 – 13분**

– 질문으로 덧셈식 익히기

"좋아하는 물건을 말해볼까요?" 이 질문에 학생들은 스티커, 젤리, 게임기, 풍선 등등 다양한 대답을 쏟아낼 것입니다. 그중 2개만 골라 다시 질문합니다. "스티커와 풍선을 각각 몇 개 가지고 싶나요?" 또 여러 대답이 쏟아지겠지요? "이제 두 물건의 개수를 더하세요. 모두 몇 개인가요?" 이런 질문과 대답을 통해 학생들은 자연스럽게 덧셈을 익힐 수 있습니다.

○ **점프 과제 해결하기 – 20분**

아래 그림을 보고 문제를 해결하세요.

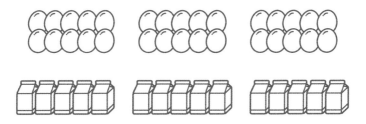

1. 우유와 달걀의 개수를 세고 말하세요.

2. 덧셈식으로 나타내세요.

3. 덧셈식을 계산하세요. 어떻게 계산했나요?

4. 얼마가 나왔나요?

5. 나에게 덧셈이란?

○ 하브루타로 배운 내용 정리하기 – 5분

짝과 함께 배운 내용을 정리합니다. 개수 세고 말하기, 덧셈식으로 나타내기, 덧셈식 계산하기, 생활 속에서 덧셈 찾아보기에 대해 이야기합니다. 수업 활동 중 어려웠던 점, 재미있었던 일, 아쉬운 일, 느낀 점 등에 대해서도 서로 이야기를 나눕니다.

○ 중요 단어 및 생활에서 찾아보기 – 2분

 – 중요 단어 : 생활 속 덧셈, 덧셈식, 덧셈식 계산하기, 두 자리 수의 덧셈

 – 생활에서 찾아보기 : 다양한 물건 사진을 보여주고 좋아하는 물건을 고

릅니다. 사진 속 물건의 개수를 세어 덧셈식으로 나타내고 계산합니다. 누구의 물건이 더 많은지 짝과 비교합니다.

✏ **준비물 : 다양한 물건 사진들**

○ **과정중심평가 성취기준**

1. 점프 과제를 해결하고, 해결 과정을 설명할 수 있는가?

2. 수업 및 하브루타 활동에 적극적으로 참여하는가?

뺄셈의 개념 이해하기

○ 학습 목표

뺄셈 알아보기

○ 핵심 내용 – 13분

– 뺄셈의 개념 이해하기

뺄셈의 개념은 '작아진다, 짧아진다, 감소한다, 적어진다' 등의 단어로 표현할 수 있습니다. 수 모형을 이용해 묶음과 낱개에서 낱개 빼기, 묶음에서 묶음 빼기 등을 해봅니다. 그 과정에서 뺄셈은 처음의 수보다 무조건 작아진다는 사실을 학생들이 발견하도록 이끌어주세요.

– 뺄셈식 계산하기

뺄셈식 계산은 어떻게 지도하는 것이 효과적일까요? 자릿값에 맞추어 빼기, 수 모형으로 뺄셈 계산 값 보여주기 등을 통해 지도합니다. 덧셈이나 뺄셈 모두 자릿값이 중요하다는 점을 강조합니다.

○ 점프 과제 해결하기 – 20분

1. 17과 6을 수 모형으로 만들고 빼세요. 얼마일까요?

2. 50과 30을 수 모형으로 만들고 빼세요. 얼마일까요?

3. 27과 12를 수 모형으로 만들고 빼세요. 얼마일까요?

○ 하브루타로 배운 내용 정리하기 – 5분

이제 짝과 함께 배운 내용을 정리합니다. 뺄셈의 개념, 점프 과제 내용, 수 모형으로 나타내 뺄셈하기, 수업 활동 중 어려웠던 점, 재미있었던 일, 아쉬운 일, 느낀 점 등을 이야기합니다.

○ 중요 단어 및 생활에서 찾아보기 – 2분

– 중요 단어 : 뺄셈, 작아진다, 수 모형, 자릿값

– 생활에서 찾아보기 : 그림에서 강아지와 고양이의 수를 세고 큰 수에서 작은 수를 빼보자.

○ 과정중심평가 성취기준

1. 뺄셈의 개념을 이해하고 있는가?

2. 점프 과제를 해결하고, 해결 과정을 설명할 수 있는가?

3. 자신감 있게 발표하고, 하브루타 활동에 적극적으로 참여하는가?

뺄셈식 만들어 계산하기

○ 학습 목표

뺄셈식 만들어 계산하기

○ 핵심 내용 – 13분

– 뺄셈식의 개념 이해하기

뺄셈식은 두 수를 뺄셈으로 표현한 것입니다. 그리고 두 수 사이에 뺄셈 기호를 사용해 '28−12'와 같이 적습니다.

– 뺄셈식 계산하기

자릿값에 맞춰 수 빼기, 뺀 값을 수로 나타내기, 수 모형으로 계산하기 등을 익히고, 뺄셈은 처음의 수와 비교해 작아진다는 것을 이해하도록 돕습니다.

○ 점프 과제 해결하기 – 20분

1. 18과 3을 수 모형으로 만들어보세요. 두 수를 뺄셈식으로 나타내고 계산하세요. 얼마일까요?

2. 50과 30 그리고 37과 21을 각각 수 모형으로 만들어보세요. 두 수를 각각 뺄셈식으로 나타내고 계산하세요. 얼마일까요?

✍ 준비물 : 수 모형

○ 하브루타로 배운 내용 정리하기 – 5분

짝과 함께 배운 내용을 찾아봅니다. 먼저 뺄셈 기호와 뺄셈식, 수 모형, 점프 과제 내용, 뺄셈 계산하기에 대해 이야기 나누고, 수업 활동 중 어려웠던 점, 재미있었던 일, 아쉬운 일, 느낀 점 등도 이야기합니다.

○ 중요 단어 및 생활에서 찾아보기 – 2분

 – 중요 단어 : 뺄셈식, 뺄셈 기호, 자릿값, 계산하기
 – 생활에서 찾아보기 : 토끼 그림을 보고 뺄셈식을 만들고 계산해보자.

○ 과정중심평가 성취기준

 1. 뺄셈식을 정확하게 이해하는가?
 2. 점프 과제를 해결하고, 해결 과정을 설명할 수 있는가?
 3. 자신감 있게 발표하고, 하브루타 활동에 적극적으로 참여하는가?

생활 속에서
뺄셈을 해볼까요?

○ 학습 목표

생활 속에서 뺄셈을 발견하고 해결하기

○ 핵심 내용 – 13분

– 질문으로 뺄셈 익히기

"이쪽 상자에는 구슬이 있습니다. 몇 개 있으면 좋을까요?" 학생들이
대답을 마치면 "각자 대답한 그 수를 잘 기억하세요."라고 당부한 후 다
시 질문을 합니다. "옆 상자에는 사탕이 있습니다. 몇 개가 있으면 좋을
까요?" 학생들이 대답을 하면 "구슬과 사탕 중 많은 수에서 적은 수를
빼보세요. 몇인가요?" 하고 다시 묻습니다.

자, 자연스럽게 뺄셈을 익히게 되겠지요?

○ 점프 과제 해결하기 – 20분

아래 그림을 보고 과제를 해결하세요.

1. 바나나 우유와 파인애플 우유의 개수를 세어 말하세요.

2. 뺄셈식으로 나타내세요.

3. 뺄셈식을 계산하세요. 어떻게 계산했나요?

4. 얼마가 나왔나요?

5. 나에게 뺄셈이란?

○ 하브루타로 배운 내용 정리하기 – 5분

짝과 함께 배운 내용을 정리해 이야기합니다. 이번 시간에 배운 내용은 개수 세어 말하기, 뺄셈식으로 나타내기, 뺄셈식 계산하기, 생활 속에서 뺄셈 찾아보기 등입니다. 수업 활동 중 어려웠던 점, 재미있었던 일, 아쉬운 일, 느낀 점 등도 함께 이야기하면 좋습니다.

○ 중요 단어 및 생활에서 찾아보기 – 2분

  – 중요 단어 : 생활 속 뺄셈, 뺄셈식, 뺄셈식 계산하기, 두 자리 수의 뺄셈

  – 생활에서 찾아보기 : 선생님이 좋아하는 토마토와 체리가 각각 25개와

15개가 있습니다. 토마토가 체리보다 얼마나 더 많은지 어떻게 하면 알 수 있을까요? 뺄셈식으로 나타내면 됩니다. 한번 해볼까요?

✏️ 준비물 : 토마토와 체리 사진

○ 과정중심평가 성취기준

1. 점프 과제를 해결하고, 해결 과정을 설명할 수 있는가?

2. 수업 및 하브루타 활동에 적극적으로 참여하는가?

3단원 여러 가지 모양

· 워밍업 활동

수업에 들어가기 전 이것만큼은 꼭!!!

이번 단원은 '여러 가지 모양'입니다. 수업에 들어가기 전 주변에서 여러 가지 모양을 찾거나 만드는 활동을 워밍업으로 해두면 학생들이 공부할 내용을 더 익숙하고 친근하게 느낄 수 있습니다.

우리가 많이 사용하는 모양은 네모, 세모, 동그라미입니다. 그럼, 각각 어디에 사용되는지 살펴볼까요?

가장 많이 찾을 수 있는 것은 네모입니다. 교실만 해도 바닥과 벽, 천장은 물론이고 책상, 칠판, 교과서 등에서 쉽게 찾을 수 있습니다. 집에서는 어떨까요? 텔레비전, 컴퓨터, 냉장고, 책장 등등 무척이나 많습니다. 세모는 삼각자, 맛있는 삼각 김밥, 샌드위치나 트라이앵글 등에서 찾을 수 있고, 동그라미는 모자, 크래커 과자, 탬버린, 동전, 구슬 등에서 발견할 수 있습니다.

여러 가지 모양을 찾아보는 활동 후에 여러 가지 모양을 만들어보는 것도 의미가 있습니다. 도형 세트를 학기 초에 미리 구입해두면 수업시간에 학생들이 재미있게 가지고 놀 수 있답니다.

똘배쌤의 점프 수학

여러 가지 모양 알아보기

○ 학습 목표

여러 가지 모양을 찾아 특징 알기

○ 핵심 내용 – 13분

– 생활 속에서 여러 가지 모양 찾아보기

□ 모양에는 어떤 것이 있을까요?

△ 모양에는 어떤 것이 있을까요?

○ 모양에는 어떤 것이 있을까요?

– □, △, ○ 모양 특징 알기

이름 알기 : □, △, ○ 모양의 특징을 살펴보며 이름을 배웁니다.

비교하기 : □, △, ○ 모양의 특징을 살펴보며 모양을 비교합니다.

퀴즈 내기 : □, △, ○ 모양 중 하나의 특징을 설명하면 알아맞힙니다.

○ 점프 과제 해결하기 – 20분

□, △, ○ 모양이 사용된 물건 사진 중 하나를 골라 짝과 함께 게임하기

1. 가위바위보에서 이긴 학생이 □, △, ○ 모양 물건 사진 중 하나를 고른다.

2. 고른 물건의 모양의 특징을 설명한다.

3. 짝이 설명한 모양을 알아맞힌다.

4. 사진을 골라 설명하기를 번갈아 한다.

5. 더 많이 알아맞힌 학생이 승리한다.

✎ **준비물 : □, △, ○ 모양이 사용된 물건 사진**

○ 하브루타로 배운 내용 정리하기 – 5분

짝과 함께 배운 내용 찾아봅니다. □, △, ○ 모양의 특징, 점프 과제 게임 활동에 관한 내용, 수업 활동 중 어려웠던 점, 재미있었던 일, 아쉬운 일, 느낀 점 등을 이야기합니다.

○ 중요 단어 및 생활에서 찾아보기 – 2분

– 중요 단어 : □, △, ○ 모양의 특징

– 생활에서 찾아보기 : 생활 속에서 □, △, ○ 모양의 물건을 찾아보자.

○ 과정중심평가 성취기준

1. □, △, ○ 모양의 특징을 이해할 수 있는가?

2. 짝과 협동하여 점프 과제를 해결하고, 해결 과정을 설명할 수 있는가?

3. 게임 및 하브루타 활동에 적극적으로 참여하는가?

여러 가지 모양 만들기

○ **학습 목표**

여러 가지 모양 이해하고 만들기

○ **핵심 내용 – 13분**

– □, △, ○ 모양의 개념 알아보기

– □, △, ○ 모양의 특징 알아보기

– □, △, ○ 모양 손으로 허공에 그리기

○ **점프 과제 해결하기 – 20분**

모둠원들과 협동하여 □, △, ○ 모양을 만들고, 그 특징을 설명하세요.

꿀팁 이때 각 모둠에서 만든 □, △, ○ 모양을 사진으로 찍은 후, 교실 앞 화면에 띄워 개인별로 설명하도록 합니다.

✏ **준비물 : 휴대폰 또는 디지털 카메라**

○ **하브루타로 배운 내용 정리하기 – 5분**

짝과 함께 배운 내용을 찾아 정리합니다. □, △, ○ 모양의 개념, □, △, ○ 모양의 특징, 점프 과제 내용과 더불어 수업 활동 중 어려웠던 점, 재미있었던 일, 아쉬운 일, 느낀 점 등도 이야기합니다.

○ 중요 단어 및 생활에서 찾아보기 – 2분

- 중요 단어 : □, △, ○ 모양의 개념, □, △, ○ 모양의 특징, □, △, ○ 모양 그리기, □, △, ○ 모양 만들기
- 생활에서 찾아보기 : □, △, ○ 모양을 활용한 생활 속 물건을 찾아 그 모양으로 만든 이유를 이야기해보자.

✎ 준비물 : 텔레비전, 삼각 김밥, 피자 사진

○ 과정중심평가 성취기준

1. □, △, ○ 모양의 개념과 특징을 이해할 수 있는가?
2. 모둠원들과 협동하여 점프 과제를 해결하고, 해결 과정을 설명할 수 있는가?
3. 모둠별 활동 및 하브루타 활동에 적극적으로 참여하는가?

여러 가지 모양 꾸미기

○ 학습 목표

□, △, ○ 모양으로 꾸미기

○ 핵심 내용 – 13분

- □, △, ○ 모양의 특징 알기

- □, △, ○ 모양 찾기

- □, △, ○ 모양을 이용하여 간단한 물건 만들기

- 주변 물건에서 □, △, ○ 모양을 찾아 개수 세기

○ 점프 과제 해결하기 – 20분

1. □, △, ○ 3가지 모양을 한 번 이상 사용하여 자신이 좋아하는 물건을 만들어보세요.

2. 어떤 물건이고, 왜 만들었는지 이야기해주세요.

꿀팁 학생들이 점프 과제를 수행하는 동안 선생님은 궤간순회를 하며 □, △, ○ 3가지 모양이 꼭 한 번은 들어가도록 지도합니다. 혹시 □, △, ○ 이외의 모양을

사용했다면 꼭 그 이유를 물어보고, 학생들이 만든 물건에서 □, △, ○ 모양이 몇 개 사용되었는지 질문하세요.

○ 하브루타로 배운 내용 정리하기 – 5분

짝과 함께 배운 내용을 찾아 정리합니다. □, △, ○ 모양의 특징, □, △, ○ 모양을 이용하여 물건 만들기, 점프 과제 내용, 수업 활동 중 어려웠던 점, 재미있었던 일, 아쉬운 일, 느낀 점 등을 이야기합니다.

○ 중요 단어 및 생활에서 찾아보기 – 2분

- 중요 단어 : □, △, ○ 모양의 특징, □, △, ○ 모양을 이용해 만든 물건, □, △, ○ 모양의 개수
- 생활에서 찾아보기 : 선생님이 □, △, ○ 모양을 사용해 만든 물건을 보여주면 □, △, ○ 모양의 개수를 세어보자.

✎ **준비물 : 선생님이 □, △, ○ 모양의 물건이나 그 사진**

○ 과정중심평가 성취기준

1. □, △, ○ 모양을 이용하여 물건을 만드는 과정을 이해하는가?
2. 점프 과제를 해결하고, 해결 과정을 설명할 수 있는가?
3. 자신감 있게 발표하고, 하브루타 활동에 적극적으로 참여하는가?

4단원 덧셈과 뺄셈(2)

· 워밍업 활동

수업에 들어가기 전 이것만큼은 꼭!!!

이 단원에서 학생들이 배우는 내용은 세 수의 덧셈과 뺄셈입니다. 꽤 많은 학생들이 어려워하는 부분이지만 원리를 알면 생각보다 쉽게 배울 수 있습니다. 특히 선생님이 좀 더 관심을 가지고 재미있게 수업을 진행한다면 학생들은 즐겁게 배울 수 있습니다.

먼저 세 수의 덧셈과 뺄셈의 기본 원리를 지도합니다. 세 수의 덧셈은 차례대로 앞의 두 수부터 계산하고 다음 수를 계산합니다. 반대로 뒤에 있는 두 수를 먼저 계산하고 맨 앞에 있는 수를 더해도 결과 값은 같습니다. 하지만 뺄셈의 경우는 다릅니다. 앞에서부터 순서대로 계산해야 한다는 것을 반드시 이해하도록 지도해주세요. 구체적인 예를 볼까요?

3+1+4는 8입니다. 이때 앞의 두 수인 3과 1을 더한 후 4를 더한 값이나 뒤의 두 수인 1과 4를 더한 후 맨 앞의 수인 3을 더한 값이나 모두 결과 값이 '8'이 됩니다.

7-4-2는 어떨까요? 앞의 두 수인 7에서 4를 뺀 후 2를 뺀 값은 '1'이지만, 뒤의 두 수인 4에서 2를 뺀 값인 2를 맨 앞의 수인 7에서 뺀 결과 값은 '5'입니다. 결과 값이 다르지요? 그래서 세 수의 뺄셈은 앞에서부터 순서대로 하기로 약속을 정한 것입니다.

그리고 수 모형으로 덧셈은 두 수의 순서를 바꾸어도 결과 값에는 변함이 없다는 것을 보여줍니다. 즉 4+7이나 7+4나 결과 값은 모두 '11'이라는 것을 눈으로 보여주는 것이지요.

마지막으로 '10'이라는 수를 활용해 덧셈과 뺄셈을 익히는 활동도 좋습니다. 두 수를 더해 10을 만들어보는 덧셈식이나 10에서 10 이하의 수를 빼는 뺄셈식을 만들어봅니다. 3+7=10, 5+5=10, 10-2=8, 10-9=1과 같이 말이죠.

수학 교과가 단순히 계산만 하는 것이 아닌 다양한 이야깃거리를 가진, 부담 없이 쉽고 친근하게 다가갈 수 있는 교과라는 인식을 학생들에게 심어주는 것이 중요합니다.

세 수의 덧셈과 뺄셈

○ 학습 목표

   세 수의 덧셈과 뺄셈하기

○ 핵심 내용 – 13분

   – 세 수의 덧셈과 뺄셈의 개념 이해하기

   – 세 수의 덧셈식과 뺄셈식 만들기

   – 세 수의 덧셈과 뺄셈 계산하기

○ 점프 과제 해결하기 – 20분

다음 문장제 문제를 읽고, 덧셈식과 뺄셈식을 만들어 해결하세요.

1. 꽃집에 장미 3송이, 튤립 2송이, 카라 4송이가 있습니다. 꽃은 모두 몇 송이일까요?

2. 7명이 생일파티를 하였습니다. 오전에 2명이 가고, 오후에 3명이 갔습니다. 저녁에 남아 있는 학생은 몇 명일까요?

✎ **준비물 : 장미, 튤립, 카라 사진**

○ 하브루타로 배운 내용 정리하기 – 5분

짝과 함께 세 수의 덧셈과 뺄셈의 개념 이해하기, 세 수의 덧셈식과 뺄셈식 만들기, 세 수의 덧셈과 뺄셈 계산하기 등에 대해 이야기를 나눕니다. 더불어 점프 과제 내용, 수업 활동 중 어려웠던 점, 재미있었던 일, 아쉬운 일, 느낀 점 등도 나누면 좋습니다.

○ 중요 단어 및 생활에서 찾아보기 –2분

- 중요 단어 : 세 수의 덧셈과 뺄셈, 계산하기, 세 수의 덧셈식과 뺄셈식
- 생활에서 찾아보기 : 생활 속 물건을 가지고 세 수의 덧셈식과 뺄셈식을 만들어보자.

  학생들이 좋아하는 생활 속 물건을 이야기하게 한 뒤 세 수의 덧셈과 뺄셈 문제를 만들어봅니다. 예를 들면 팽이, 아이스크림, 만화책 등이겠지요?

✏️ **준비물 : 팽이, 아이스크림, 만화책 사진**

○ 과정중심평가 성취기준

1. 세 수의 덧셈과 뺄셈을 이해하는가?
2. 점프 과제를 해결하고, 해결 과정을 설명할 수 있는가?
3. 자신감 있게 발표하고, 하브루타 활동에 적극적으로 참여하는가?

다양한 방법으로
더해볼까요?

○ **학습 목표**

두 수 더하기, 10이 되는 두 수 더하기

○ **핵심 내용 - 13분**

— 두 수 더하기

— 두 수를 더해 묶음과 낱개로 나누어보기

— 묶음과 낱개를 세어보기

— 10이 되는 두 수 더하기

○ **점프 과제 해결하기 - 20분**

1. 1부터 9까지의 수 중에서 자신이 좋아하는 2개의 수를 골라 더하기 (개인 활동)

2. 짝과 함께 10 만들기 게임하기 (짝 활동)

'10 만들기 게임'은 짝이 내민 수 모형에 더하면 10이 되는 수 모형을 찾아 제시하는 것입니다. 예를 들어 짝이 수 모형 7을 내밀었다면 나는 수 모형 3을 제시하는 것이지요. 더 많이 정답을 맞힌 사람이 이기는 게임입니다.

✎ **준비물 : 수 모형**

○ 하브루타로 배운 내용 정리하기 – 5분

짝과 함께 배운 내용을 정리합니다. 두 수 더하기, 10이 되는 두 수의 더하기, 점프 과제 내용, 수업 활동 중 어려웠던 점, 재미있었던 일, 아쉬운 일, 느낀 점 등을 이야기합니다.

○ 중요 단어 및 생활에서 찾아보기 – 2분

– 중요 단어 : 두 수 더하기, 10이 되는 두 수 더하기, 10 만들기 게임
– 생활에서 찾아보기 : 생활 속 소재 2개를 골라 선생님과 학생들이 함께 10 만들기 게임을 해보자. 예를 들어볼까요?

"선생님한테 자전거가 2개 있습니다. 줄넘기는 몇 개가 있어야 할까요?" "8개입니다. 저희에게 토끼가 3마리 있습니다. 사자는 몇 마리 있어야 할까요?" "7마리!"

○ 과정중심평가 성취기준

1. 두 수 더하기와 10이 되는 두 수의 더하기를 이해할 수 있는가?
2. 짝과 협동하여 점프 과제를 해결하고, 해결 과정을 설명할 수 있는가?
3. 점프 과제 및 하브루타 활동에 적극적으로 참여하는가?

10에서 빼고, 10을 만들어 더해볼까요?

○ **학습 목표**

10에서 빼거나 10을 만들거나 10에서 더하기

○ **핵심 내용 – 13분**

– 10에서 빼기

손가락을 이용하여 빼기, 수 모형(수 연결큐브)으로 빼기

– 세 수에서 10을 만들 수 있는 두 수 찾기

– 세 수에서 두 수를 더해 10을 만들기

– 두 수로 10을 만든 후 나머지 수 더하기

선생님과 학생들이 함께 손가락으로 10을 만든 후 나머지 수 더하기 놀이를 합니다.

1. 학생들에게 자신이 내고 싶은 수를 생각하라고 합니다.

2. 선생님이 "하나 둘 셋!" 하면 동시에 생각한 수만큼 손가락으로 나타냅니다.

3. 선생님이 3명의 학생을 선정하여 앞으로 나오게 합니다. 이때 손가

락 수의 합이 10이 되는 두 학생을 포함하여 선정합니다.

4. 학생들은 3명의 학생 중에서 손가락 수의 합이 10이 되는 2명의 학생을 고릅니다.

5. 그리고 나머지 학생이 내민 손가락 수를 더합니다.

이 놀이를 여러 번 반복하다보면 10을 만들어 덧셈하기를 쉽게 익힐 수 있습니다.

○ 점프 과제 해결하기 – 20분

모둠별 스피드 퀴즈 게임하기

1. 세 수의 덧셈식을 모둠별로 5문제씩 준비한다.

2. 모둠별로 덧셈식을 보여주는 학생 1명을 선정하고, 나머지 학생들은 순서대로 문제를 해결한다.

3. 스피드 퀴즈 제한 시간은 2분이다.

4. 해결 방법은 세 수의 덧셈식에서 먼저 두 수를 더해 10을 만든 후, 나머지 수를 더해야 한다.

5. 두 수를 더해 10을 만들면 1점, 덧셈식까지 해결하면 1점, 총 2점을 획득할 수 있다.

6. 두 수를 더해 10 만들기만 해결하거나 덧셈식만 해결하면 1점만 획득한다.

7. 앉아 있는 모둠원들은 한 명씩 순서대로 문제를 해결하되, 모를 경우에는 다음 친구에게 패스할 수 있다.

8. 게임이 끝난 후 점수가 가장 높은 모둠이 승리한다.

꿀팁 선생님은 모둠별 스피드 퀴즈 게임을 시작하기 전 학생들이 게임을 정확하게 이해할 수 있도록 충분히 지도합니다. 또 모둠별로 연습할 시간도 충분히 제공합니다. 이번 차시는 1차시에는 관련 내용 지도하기, 2차시에는 모둠별 스피드 퀴즈 게임으로 하여 2차시 교육과정으로 재구성할 수 있습니다.

✎ **준비물 : 모둠별로 덧셈식 5문제**

1. 7+3+8	5. 9+1+6	9. 8+3+7	13. 9+3+7
2. 2+8+3	6. 4+6+5	10. 3+4+6	14. 9+2+8
3. 5+5+8	7. 2+6+4	11. 3+7+6	15. 3+5+5
4. 3+7+5	8. 3+9+1	12. 7+9+1	16. 1+9+2

○ 하브루타로 배운 내용 정리하기 – 5분

짝과 함께 배운 내용을 찾아 이야기 나눕니다. 10에서 빼기, 10을 만들어 더하기, 10을 만들어 세 수의 덧셈 해결하기는 물론이고, 점프 과제 내용, 수업 활동 중 어려웠던 점, 재미있었던 일, 아쉬운 일, 느낀 점 등도 이야기하면 좋습니다.

○ 중요 단어 및 생활에서 찾아보기 – 2분

- 중요 단어 : 10에서 빼기, 10 만들기, 세 수의 덧셈, 10을 만들어 더하기, 스피드 퀴즈
- 생활에서 찾아보기 : 세 사람이 고리 던지기에 성공한 고리의 개수를

세 수의 덧셈식을 만들어 알아보자.

○ 과정중심평가 성취기준

1. 10에서 빼고, 10을 만들어 더하는 방법을 이해할 수 있는가?

2. 모둠원들과 협동하여 점프 과제를 해결하고, 해결 과정을 설명할 수 있는가?

3. 모둠별 스피드 퀴즈 및 하브루타 활동에 적극적으로 참여하는가?

5단원 시계 보기와 규칙 찾기

· 워밍업 활동

수업에 들어가기 전 이것만큼은 꼭!!!

이번 단원에서는 시계 보기와 규칙 찾기를 배웁니다. 시계 보기와 규칙 찾기는 조작 자료를 활용하여 배울 수 있어서 역동적이고 재미있는 수학시간을 만들 수 있습니다.

시계 보기에서는 아날로그 모형 시계를 이용해 몇 시와 몇 시 30분을 배웁니다. 사실 몇 시를 지도하기는 쉽습니다. 긴 바늘이 12를 가리키면 짧은 바늘이 가리키는 수만 읽으면 되니까요. 즉 긴 바늘이 12를 가리키고 짧은 바늘이 5를 가리키면 5시가 되고, 긴 바늘이 12를 가리키고 짧은 바늘이 7을 가리키면 7시가 되는 것이지요. 하지만 몇 시 30분에서 몇 시를 찾는 것은 쉽지가 않습니다. 실제로 많은 학생들이 어려워합니다. 왜냐하면 몇 시 30분에는 짧은 바늘이 두 수 사이에 있기 때문이지요. 예를 들어 8시 30분은 짧은 바늘이 8과 9 사이에 있습니다. 그래서 이를 8시로 읽어야 할지, 9시로 읽어야 할지 헷갈리는 것입니다.

이런 경우에는 여러 번 예를 들어 지도하는 것이 가장 효과적입니다. 8시 30분이라면 어떻게 지도해야 할까요? 몇 시는 짧은 바늘이 8은 넘었지만 9가 안 되었기 때문에 8시라고 읽고, 몇 분은 긴 바늘이 6을 가리키기 때문에 30분이라 읽는다고, 그래서 8시 30분이 된다고 알려줍니다.

다음으로 규칙 찾기는 무늬에서, 수에서 규칙을 찾는 활동과 더불어 생활 속에서 규칙을 찾는 활동도 해보는 것이 좋습니다. 학생들이 많이 보는 신호등 색깔에서, 등하굣길에 밟고 다니는 보도블록의 모양에서 규칙을 찾는 것은 재미도 있고 의미도 있습니다. 이처럼 교실이나 복도, 운동장, 우리 동네로 활동공간을 넓혀나가는 것이 삶과 연계한 수학교육의 첫걸음이 될 수 있습니다.

몇 시와 몇 시 30분
알아보기

O 학습 목표

몇 시와 몇 시 30분 알아보기

O 핵심 내용 - 13분

- 시계 읽기

시침은 '시'를 분침은 '분'을 가리키기 때문에 시침과 분침이 가리키는 숫자를 보고 '몇 시' 혹은 '몇 시 몇 분'으로 읽는다는 것을 설명해줍니다. 그리고 1시간은 60분이고, 시침이 1에서 2까지 이동하는 동안 분침은 한 바퀴를 돈다는 것, 분침 한 바퀴가 60분이기 때문에 6까지 반 바퀴만 돌면 30분이라는 것을 알려줍니다. 설명을 마치면 시계 그림을 보여주며 "몇 시일까요?" "몇 시일 것 같나요?" "왜 그렇게 생각했나요?" 등의 질문을 던져가며 함께 시계를 읽어봅니다.

학생들이 잘 이해한다면 간단하게 시각(가리키는 시각)과 시간(걸린 시간)의 개념을 설명해주면 좋으나, 반드시 알려줘야 하는 것은 아닙니다.

- 시계에 대해 이야기 나누기

모형 시계를 보며 함께 시계를 관찰한 내용을 이야기합니다.

"숫자가 1에서 12까지 있어요."

"시침, 분침이 있어요."

"시침은 천천히 돌고, 분침을 빨리 돌아요."

그리고 시계가 필요한 이유에 대해서도 이야기를 나눕니다.

✏️ **준비물 : 모형 시계**

○ 점프 과제 해결하기 – 20분

1. 짝과 함께 모형 시계를 가지고, 몇 시 혹은 몇 시 30분을 만듭니다.

2. 자신이 만든 시각에 하고 싶은 일을 1가지씩 말하세요.

○ 하브루타로 배운 내용 정리하기 – 5분

짝과 함께 배운 내용을 찾아봅니다. 시계에 관한 내용, 몇 시와 몇 시 30분에 관한 내용, 점프 과제 내용, 시각과 시간, 수업 활동 중 어려웠던 점, 재미있었던 일, 아쉬운 일, 느낀 점 등이 되겠지요?

○ 중요 단어 및 생활에서 찾아보기 – 2분

– 중요 단어 : 시계, 몇 시, 몇 시 30분, 시각과 시간, 모형 시계

– 생활에서 찾아보기 : 몇 시와 몇 시 30분을 가리키는 시계 사진을 보여주며 배운 내용을 익힙니다. 또한 그 시각에 무슨 일을 하는지 이야기를 나누며 선생님과 학생은 서로의 일상을 들여다봅니다. 예를 들어 4시

30분을 가리키는 시계 사진을 통해 서로의 하교 후 생활을 알 수 있습니다.

○ **과정중심평가 성취기준**

1. 몇 시와 몇 시 30분을 이해할 수 있는가?

2. 짝과 협동하여 점프 과제를 해결하고, 해결 과정을 설명할 수 있는가?

3. 자신감 있게 발표하고, 하브루타 활동에 적극적으로 참여하는가?

생활 속에서
규칙을 찾아 말하기

○ 학습 목표

　규칙의 개념을 알고, 생활 속에서 규칙 찾기

○ 핵심 내용 – 13분

　– 규칙의 개념 알아보기

　　규칙이란 수, 모양, 색깔, 무늬 등이 일정하게 반복되는 것입니다.

　– 생활 속에서 규칙 찾기

　　교실에서 규칙 찾기 : 자리 배치 등에서 규칙을 찾아봅니다.

　　가위바위보에서 규칙 찾기 : 학생들이 "안 내면 술래~ 가위바위보."를
　　할 때에도, 규칙적으로 '가위바위보'를 순서대로 말합니다.

　　시간에서 규칙 찾기 : 학교 수업은 9시에 시작해서 1시에 끝납니다. 난
　　8시 30분에 등교합니다. 선생님은 4시 30분에 학교 일이 끝납니다.

○ 점프 과제 해결하기 – 20분

　모둠원들과 함께 규칙을 만들고 설명해보세요.

꿀팁 어려워하는 학생들을 위해 점프 과제에 들어가기 전, 신체 일부를 이용하여 만드는 규칙(손과 발의 반복, 가위바위보 등)이나 모양을 이용해 만드는 규칙(동그라미와 세모의 반복) 등을 예로 들어 설명해주는 것도 괜찮습니다.

○ 하브루타로 배운 내용 정리하기 – 5분

짝과 함께 규칙의 개념, 생활 속에서 규칙 찾기, 점프 과제 내용 등을 정리하고, 수업 활동 중 어려웠던 점, 재미있었던 일, 아쉬운 일, 느낀 점 등도 이야기합니다.

○ 중요 단어 및 생활에서 찾아보기 – 2분

- 중요 단어 : 규칙, 규칙의 개념, 수, 모양, 색깔, 무늬, 반복
- 생활에서 찾아보기 : 생활 속에서 규칙을 가진 물건을 더 찾아보며 배운 내용을 익혀보자. 예를 들자면 축구공의 무늬나 신호등의 색깔이 있습니다.

○ 과정중심평가 성취기준

1. 규칙의 개념을 이해하고, 규칙을 찾을 수 있는가?
2. 모둠원들과 협동하여 점프 과제를 해결하고, 해결 과정을 설명할 수 있는가?
3. 모둠별 활동 및 하브루타 활동에 적극적으로 참여하는가?

생활 속에서 규칙을 만들어 나만의 무늬 꾸미기

○ **학습 목표**

규칙을 만들어 나만의 무늬 꾸미기

○ **핵심 내용 – 13분**

– 규칙의 개념 알기

규칙은 수, 모양, 색깔, 무늬 등이 일정하게 반복되는 것입니다.

– 교실, 복도에서 규칙 찾기

바닥 무늬, 교실의 책상과 의자에서 규칙을 찾습니다.

– 옛날 그림에서 규칙 찾기

옛날 그림을 보고 규칙을 찾습니다.

– 무늬 꾸미기

파랑 직각삼각형과 빨강 직각삼각형을 가지고 무늬를 꾸밉니다.

○ **점프 과제 해결하기 – 20분**

△, ○, □, ▽, ●, ◇, ◈, ◉ 모양을 가지고 규칙을 만들어 나만의 무늬

를 꾸며보세요.

✏️ <u>준비물</u> : △, ○, □, ▽, ●, ◇, ◈, ◉ 모양의 종잇조각

○ 하브루타로 배운 내용 정리하기 – 5분

짝과 함께 배운 내용을 찾아 이야기합니다. 규칙의 개념, 규칙 찾기, 규칙에 따라 색칠하기, 규칙에 따라 무늬 꾸미기, 점프 과제 내용, 수업 활동 중 어려웠던 점, 재미있었던 일, 아쉬운 일, 느낀 점 등이 그 내용이 됩니다.

○ 중요 단어 및 생활에서 찾아보기 – 2분

- 중요 단어 : 규칙, 규칙 찾기, 규칙 만들기, 나만의 무늬 꾸미기
- 생활에서 찾아보기 : 생활 속에서 규칙을 찾아 수학의 다양한 활용을 이해합니다.

○ 과정중심평가 성취기준

1. 규칙의 개념과 규칙을 만들어 무늬 꾸미기를 이해할 수 있는가?
2. 점프 과제를 해결하고, 해결 과정을 설명할 수 있는가?
3. 모둠 활동과 하브루타 활동에 적극적으로 참여하는가?

수 배열표에서 규칙 찾기

○ 학습 목표

수 배열표에서 규칙 찾기

○ 핵심 내용 – 13분

– 수의 규칙의 개념

수 배열표에서 일정하게 반복되는 것

– 수 배열표에서 규칙 찾기

같은 수가 반복되는 규칙 찾기(15151515 : 15가 반복), 수의 크기에서 규

칙 찾기(10 20 30 40 50 : 수가 10씩 커진 규칙)

– 수 배열표에서 규칙 찾아 색칠하기

홀수 찾기, 짝수 찾기, 일의 자리가 1인 수 찾기 등

✎ 준비물 : 수 배열표(1부터 30까지 적힌 수 배열표, 61부터 90까지 적힌
수 배열표, 51에서 100까지 적힌 수 배열표), 달력

○ 점프 과제 해결하기 – 20분

짝과 함께 달력에서 규칙을 2개 이상 찾아보세요.

```
        12
      1  2  3  4  5
 6  7  8  9 10 11 12
13 14 15 16 17 18 19
20 21 22 23 24 25 26
27 28 29 30 31
```

○ 하브루타로 배운 내용 정리하기 – 5분

짝과 함께 규칙, 수 배열표에서 규칙 찾기, 규칙 찾아 색칠하기, 점프 과제 내용을 정리하고, 수업 활동 중 어려웠던 점, 재미있었던 일, 아쉬운 일, 느낀 점 등도 이야기합니다.

○ 중요 단어 및 생활에서 찾아보기 – 2분

- 중요 단어 : 수 배열표, 규칙, 규칙 찾기, 규칙 찾아 색칠하기
- 생활에서 찾아보기 : 엘리베이터 버튼 또는 자동차 번호판에서 규칙을 찾으며 배운 내용을 익혀보자.

○ 과정중심평가 성취기준

1. 규칙을 이해하고 수 배열표에서 찾을 수 있는가?
2. 짝과 협동하여 점프 과제를 해결하고, 해결 과정을 설명할 수 있는가?
3. 자신감 있게 발표하고, 하브루타 활동에 적극적으로 참여하는가?

6단원 덧셈과 뺄셈(3)

· 워밍업 활동

수업에 들어가기 전 이것만큼은 꼭!!!

벌써 덧셈과 뺄셈 세 번째 시간입니다. 그만큼 생활에서 필요하고 중요한 것이라는 의미겠지요?? 하지만 계산법만 알려주는 딱딱한 수업으로 일관한다면 학생들에게 '지루하고 재미없는 수학'이라는 이미지를 심어줄 것입니다. 이런 사실을 기억한다면 새로운 교수법을 고민할 수밖에 없습니다.

10을 이용하여 모으기와 가르기를 지도할 때 어떻게 지루함을 없애고 재미있는 수학시간을 만들 수 있을까요? 게임을 통한 지도는 어떨까요?
바둑알을 이용한 게임이 있습니다. 먼저 학생들에게 바둑알을 1개에서 9개까지 각각 다르게 나눠줍니다. 한 학생의 바둑알은 5개, 다른 학생은 6개, 또 다른 학생은 9개가 될 수 있습니다. 단, 한 학생의 바둑알 수가 9개를 넘어서는 안 됩니다. 바둑알을 반 학생들에게 모두 나누어주면 게임을 시작합니다.

1. 칠판에 5와 7을 적습니다.
2. 학생들은 자신의 바둑알 수를 세봅니다.
3. 선생님은 "바둑알 5개를 가진 학생은 7개를 가진 학생을 찾아 만나세요. 그리고 두 사람의 바둑알이 모두 몇 개인지 세어보세요."라고 지시합니다.

4. 두 학생은 바둑알을 세본 후 "12개요." 하고 대답할 것입니다.
5. 선생님은 칠판에 5와 7을 모으면 12개가 된다는 것, 아울러 12는 10과 2로 가르기 할 수 있다는 것을 설명합니다.
이 게임을 2~3번 정도 반복하면 지루함 없이 재미있게 덧셈을 익힐 수 있습니다.

즐거운 게임 활동이 끝나면 자연스럽게 덧셈과 뺄셈의 계산을 유도합니다. 게임에서 나왔던 숫자를 가지고 덧셈과 뺄셈을 해보는 겁니다.
만약 5+7=12라면 뒤에 있는 수 7을 5와 2로 가르고, 그중 5를 앞의 수 5와 더해 10을 만듭니다. 그리고 2를 더하면 12가 됩니다. 참 쉽지요?!

뺄셈도 덧셈과 마찬가지로 10을 만들어 계산합니다.

먼저 10이 되도록 뺀 후 계산하는 방법이 있습니다. 11-4라면 먼저 11에서 1을 빼고 또 4에서도 1을 빼서 10과 3을 만듭니다. 그런 후 10에서 3을 빼면 7이 됩니다.

큰 수를 10과 나머지로 가르기 한 후 10에서 작은 수를 빼서 계산하는 방법도 있습니다. 예를 들어 13-7을 계산한다면 13을 10과 3으로 가르기 한 후 10에서 7을 빼고, 거기에 3을 더합니다. 그러면 답은 6입니다.

초등학교 1학년 학생들에게는 수학적 지식보다 수학 교과에 대한 재미와 관심을 갖도록 하는 것이 더 중요합니다. 교과 내용에 너무 치중하거나 진도에 급급하지 마세요. 또 학생들의 학습 목표 도달 속도가 느리다고 너무 속상해하지도 마세요. 학생들이 수학 교과를 재미 있다고 생각하게 만드는 것, 그것이면 충분합니다.

10을 이용한 모으기와 가르기

○ 학습 목표

　10을 이용하여 모으기와 가르기 하기

○ 핵심 내용 - 13분

－ 10 만들기

　두 수를 이용하여 10을 만듭니다. 흰 바둑돌과 검은 바둑돌을 가지고 10을 만듭니다.

－ 10을 이용하여 모으기

　흰 바둑돌과 검은 바둑돌을 가지고 10을 이용하여 모읍니다.

－ 10을 이용하여 가르기

　흰 바둑돌과 검은 바둑돌을 가지고 10을 이용하여 가릅니다.

－ 10을 이용하여 덧셈식 만들기

　흰 바둑돌의 개수를 셉니다. (9) → 검은 바둑돌의 개수를 셉니다. (6) → 두 바둑돌을 모아 10과 낱개로 만듭니다. (10과 5) → 덧셈식으로 표현합니다. ($9+6=10+5=15$)

– 10을 이용하여 뺄셈식 만들기

흰 바둑돌의 개수를 셉니다.(14) → 검은 바둑돌의 개수를 셉니다.(6) → 흰 바둑돌을 가르기 하여 10과 낱개로 만듭니다.(10과 4) →흰 바둑돌 10에서 검은 바둑돌 수(6)만큼을 뺍니다.(10-6) → 10에서 남은 흰 바둑돌과 낱개 흰 바둑돌을 더합니다.(4+4) → 뺄셈식으로 표현합니다.(14-6=10-6+4=8)

✏️ 준비물 : 바둑돌

○ 점프 과제 해결하기 – 20분

짝은 검은 바둑돌 6개, 나는 흰 바둑돌 6개를 가지고 모으기와 가르기를 하세요. 단, 10을 이용하여 모으기와 가르기를 해야 합니다.

○ 하브루타로 배운 내용 정리하기 – 5분

짝과 함께 배운 내용을 정리합니다. 10을 이용한 모으기와 가르기, 바둑돌로 하는 덧셈과 뺄셈, 점프 과제 내용을 정리한 후 수업 활동 중 어려웠던 점, 재미있었던 일, 아쉬운 일, 느낀 점에 대해서 이야기를 나눕니다.

○ 중요 단어 및 생활에서 찾아보기 – 2분

– 중요 단어 : 10, 10 만들기, 10을 이용한 모으기와 가르기, 덧셈과 뺄셈
– 생활에서 찾아보기 : 놀이공원에서 볼 수 있는 풍선을 이용해 모으기와 가르기를 익혀보자.

1. 돌고래 풍선과 자동차 풍선의 개수는 모두 몇 개일까요? 이로써 모으기를 익힙니다.

2. 10을 이용하여 풍선을 나누어볼까요? 이로써 가르기를 익힙니다.

○ 과정중심평가 성취기준

1. 10을 이용한 모으기와 가르기를 이해할 수 있는가?
2. 짝과 협동하여 점프 과제를 해결하고, 해결 과정을 설명할 수 있는가?
3. 짝 활동 및 하브루타 활동에 적극적으로 참여하는가?

생활 속에서 덧셈을 해볼까요?

○ 학습 목표

10을 이용한 두 수의 덧셈하기

○ 핵심 내용 – 13분

– 두 수에서 뒤에 있는 수를 가르기 하여 10 만들기

– 두 수에서 앞에 있는 수를 가르기 하여 10 만들기

– 10을 이용한 두 수의 덧셈 익히기

○ 점프 과제 해결하기 – 20분

모둠별 스피드 퀴즈 게임하기

1. 두 수의 덧셈식을 모둠별로 5문제씩 준비한다.

2. 모둠별로 덧셈식을 보여주는 학생 1명을 선정하고, 나머지 학생들은
순서대로 문제를 해결한다.

3. 스피드 퀴즈 제한 시간은 2분이다.

4. 해결 방법은 두 수의 덧셈식에서 먼저 두 수 중 하나를 가르기 하여 10

을 만든 후, 나머지 수를 계산해야 한다. 예를 들면 7+4는 10+1로 만든 후 결과 값 11을 구한다.

5. 두 수 중 하나를 가르기 하여 10을 만들면 1점, 덧셈식까지 해결하면 1점, 총 2점을 획득할 수 있다.

6. 덧셈식 답만 해결하면 1점을 획득한다.

7. 앉아 있는 모둠원은 1명씩 순서대로 문제를 해결하되, 모를 경우에는 다음 친구에게 패스할 수 있다.

8. 게임이 끝난 후 점수가 가장 높은 모둠이 승리한다.

꿀팁 연습시간을 8분씩 주고, 스피드 퀴즈 게임 시간을 모둠별로 2분씩 사용하면 총 20분이면 됩니다. 이때 소외되는 학생은 없는지 잘 살펴보는 것도 중요합니다.

✏️ **준비물 : 모둠별로 덧셈식 5문제**

○ 하브루타로 배운 내용 정리하기 – 5분

짝과 함께 배운 내용을 찾아봅니다. 두 수를 이용하여 10 만들기, 10을 이용하여 덧셈식 계산하기, 앞의 수 가르기, 뒤의 수 가르기, 점프 과제 내용 및 수업 활동 중 어려웠던 점, 재미있었던 일, 아쉬운 일, 느낀 점 등도 이야기합니다.

○ 중요 단어 및 생활에서 찾아보기 – 2분

- 중요 단어 : 10, 앞의 수 가르기, 뒤의 수 가르기, 10 만들기, 덧셈

- 생활에서 찾아보기 : 화단에 피어 있는 꽃들을 보고 덧셈을 익혀보자.

 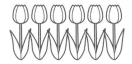

○ **과정중심평가 성취기준**

1. 10을 이용한 덧셈식을 이해할 수 있는가?

2. 모둠원들과 협동하여 점프 과제를 해결하고, 해결 과정을 설명할 수 있는가?

3. 모둠별 활동 및 하브루타 활동에 적극적으로 참여하는가?

생활 속에서 뺄셈을 해볼까요?

○ **학습 목표**

10을 만들어 뺄셈하기

○ **핵심 내용 – 13분**

– 뺄셈의 개념

작아집니다. 처음의 수보다 작아집니다.

– 다양한 방법으로 뺄셈하기

예를 들어 12–5의 뺄셈을 해봅니다.

〈수 모형이나 수 연결큐브로 뺄셈하기〉

1) 수 모형이나 수 연결큐브를 가지고 12에서 5를 빼고, 남은 수 모형이나 수 연결큐브를 셉니다.

2) 수 모형이나 수 연결큐브를 가지고 먼저 12에서 2를 뺀 다음, 다시 3을 뺍니다. 남은 수 모형이나 수 연결큐브를 셉니다.

〈그림을 그려 뺄셈하기〉

1) 간단하게 ○, □, △를 12개를 그린 후 5개를 지웁니다.

2) ○, □, △를 12개 그린 후, 먼저 2개를 지우고 다시 3개를 지웁니다.

〈말로 설명하기〉

뒤에 있는 수, 즉 빼는 수를 나누어 앞의 수에서 나누어진 수 중 하나를 빼 10을 만듭니다. 그리고 나누어진 수 중 남은 하나를 10에서 뺍니다.

1) 5를 2와 3으로 나눕니다

2) 12에서 2를 빼 10을 만듭니다.

3) 10에서 3을 뺍니다. 결과 값은 7입니다.

🖉 준비물 : 수 모형, 수 연결큐브

○ 점프 과제 해결하기 – 20분

칠판에 "12-3=9, 12-4=8, 12-5=7"이라고 판서한 후 "12-6은 얼마일까요? 12-7은 얼마일까요?" 질문합니다. 점프 과제를 해결하면 선생님이 다시 질문합니다. "점프 과제를 해결하면서 알게 된 규칙이 있나요?" 학생들은 규칙을 찾아 발표합니다.

꿀팁 눈에 보이는 수 모형이나 수 연결큐브를 가지고 점프 과제를 해결하면 학생들이 좀 더 쉽게 문제에 접근할 수 있습니다. 짝과 규칙을 찾아보고 이를 서로에게 설명하면서 발표를 연습하면 좋습니다.

○ 하브루타로 배운 내용 정리하기 – 5분

짝과 함께 두 수 중 뒤의 수를 가르기 하기, 앞의 수에서 가르기 한 뒤의 수를 빼 10을 만든 다음 나머지 수 빼기, 앞의 수 가르기, 점프 과제 내용 등 배운 내용을 정리하고 수업 활동 중 어려웠던 점, 재미있었던 일, 아쉬운 일, 느낀 점 등도 이야기합니다.

○ 중요 단어 및 생활에서 찾아보기 – 2분

- 중요 단어 : 뺄셈, 뺄셈식, 가르기, 10, 10을 만들어 뺄셈하기
- 생활에서 찾아보기 : 딴 캔 음료와 따지 않은 캔 음료를 가지고 뺄셈을 익혀보자.

○ 과정중심평가 성취기준

1. 10을 이용한 뺄셈식을 이해할 수 있는가?
2. 점프 과제를 해결하고, 해결 과정을 설명할 수 있는가?
3. 자신감 있게 발표하고, 하브루타 활동에 적극적으로 참여하는가?

피자 모양에서 수학 발견하기

 수학 역할극

엄마와 지윤의 이야기를 역할극으로 해봅니다.

엄마 : 지윤아! 오랜만에 피자 시켜 먹을까?

지윤 : 네! 엄마, 어떤 피자 시킬까요?
먹고 싶은 피자가 너무 많은데….

엄마 : 둘이서 충분히 먹을 수 있는 피자가 좋지 않을까?
가격이 저렴하면 더 좋고, 호호!

지윤 : (전단지를 보며) 음, 어떤 게 좋을까? 엄마, 근데
지금 보니 피자가 모두 원 모양이네? 왜 그럴까요?

엄마 : 글쎄. 요즘에는 네모난 피자도 있긴 하던데….
그래도 대부분이 왜 원 모양이지?? 엄마도 궁금하네.

피자는 왜 대부분 원 모양일까?

! **궁금증 해결!!**

피자의 모양이 동그란 이유는 다음과 같습니다.

첫째, 도우를 만들 때 원심력에 의해 자연스럽게 원 모양이 만들어지니 만드는 시간을 절약할 수 있습니다.

둘째, 같은 둘레의 길이를 가진 도형에서 원이 내부 면적이 가장 넓습니다. 토핑 재료를 많이 올려놓을 수 있다는 이야기입니다. 다른 모양의 접시보다 둥근 접시에 더 많은 음식을 담을 수 있는 것과 같은 이치입니다.

셋째, 피자를 구울 때 열이 효과적으로 전달되어 한쪽이 덜 익거나 타는 것을 방지할 수 있습니다. 냄비의 바닥이 둥근 모양인 것도 같은 이유입니다.

달력의 규칙 이야기

우리 주위에는 모양, 색깔, 수로 만든 규칙을 가진 물건들이 많은데요. 대표적인 것이 달력입니다. 달력에서는 꽤 많은 수의 규칙을 찾을 수 있습니다. 몇 가지 살펴볼까요?

규칙 1 : 7일마다 같은 요일이 반복됩니다.

규칙 2 : 오른쪽으로 갈수록 1씩 커집니다.

규칙 3 : 아래로 내려갈수록 7씩 커집니다.

7일마다 같은 요일이 반복된다는 규칙을 알고 있으면 수요일에서 100일

후의 요일을 알아맞힐 수 있습니다. 이는 나눗셈의 몫과 나머지를 이용하는 방법인데요. 일단 100÷7를 계산하면 14…2입니다. 즉 몫 14는 14번의 수요일을 뜻하고, 나머지 2는 수요일에서 2일 더 지나면 100일 후의 요일이 된다는 뜻입니다. 즉, 수요일에서 100일 후의 요일은 금요일이 되는 것이죠.

아울러 달력을 활용한 재미있는 놀이도 하나 소개합니다.

달력에 3칸 3줄로 아무렇게나 직사각형을 그려봅니다. 그리고 사각형 안에 있는 9개의 수를 빨리 더하는 놀이인데요.

1	2	3
8	9	10
15	16	17

머리셈과 순발력을 익히는 데 좋은 굉장히 재미있고 의미 있는 놀이입니다. 그런데 여기에도 깜짝 놀랄 만한 규칙이 있습니다. 단 2초 만에 값을 알 수 있는 꿀팁! 무엇일까요?

일단 9개의 수를 더해봅시다. 1+2+3+8+9+10+15+16+17=81이네요. 그런데 가운데 수에 9를 곱해도 81이 나오네요? 이는 가운데 수를 중심으로 반대쪽에 있는 두 수의 합이 모두 가운데 수의 2배가 되는 규칙 때문입니다.

초등교사를 위한

재미있는 수학

2학년
1학기

$+ - \times \div =$

수학은 내 친구
계단이 사각형인 이유

우리가 매일 오르내리는 계단에도 수학이 숨어 있습니다. 과연 무엇일까요? 먼저 계단을 관찰해볼까요? 아파트는 물론이고 모든 건물에는 계단이 있습니다. 그 계단들은 모두 사각형 모양입니다. 하지만 개수는 모두 제각각이지요. 같은 건물이라도 1층에서 2층까지의 계단이 가장 많고, 고층으로 올라갈수록 계단이 적어집니다. 이것은 고층 건물의 안정적인 균형을 위해서라고 하네요.

그럼, 계단의 모양은 왜 사각형일까요? 이 질문에 대답하기 위해서는 일단 사각형의 특징을 이해해야 합니다. 사각형의 가장 큰 장점은 세울 수 있다는 점입니다. 다른 도형들보다 안정적인 구조이기도 하지요. 사각형은 세워서도, 눕혀서도, 기울여서도, 가로로도, 세로로도 보관이 가능하기 때문에 효율적인 공간 활용에도 탁월합니다.

우리가 매일 보고 이용하면서도 수학이 사용되었다는 사실을 모르고 무심코 지나쳤던 곳이 어디 계단뿐일까요?

오늘은 어디에서 수학을 찾아볼까요? 학생들과 함께 찾아보세요.

1단원 세 자리 수

· 워밍업 활동

수업에 들어가기 전 이것만큼은 꼭!!!

초등학교 저학년 학생들에게는 수학적 지식, 개념, 원리보다는 수학 교과에 대한 관심과 흥미, 그리고 수학 공부의 필요성을 느끼도록 하는 것이 더 중요합니다. 따라서 선생님이 학생들의 특성과 수준에 맞는 즐거운 활동거리를 만들어주는 것이 필요합니다.

2학년 1학기 1단원에서는 세 자리 수에 대해서 배웁니다. 과연 어떻게 하면 학생들에게 재미있고 흥미로운 수학시간을 만들어줄 수 있을지 고민이 필요합니다.

세 자리 수의 처음은 100입니다. 그럼, 어떻게 도입하면 좋을까요? 제가 떠올린 방법은 바로 '동전'입니다. 익숙한 100원 동전을 보여주며 세 자리 수를 시작하면 흥미를 끌 수 있습니다. 혹은 모두가 원하는 시험점수 100점도 괜찮겠지요. "100과 관련된 것으로 또 무엇이 있을까요?"라는 질문으로 학생들의 다양한 이야기를 듣는 것도 좋은 방법입니다.

다음으로는 세 자리 수의 자릿값을 알아봅니다. 백의 자리, 십의 자리, 일의 자리로 나누어 자릿값을 알고, 읽어보는 활동이 필요하겠지요. 예를 들어 315는 백의 자리 3, 십의 자리 1, 일의 자리 5로 이루어진 수입니다. 즉 3은 300을, 1은 10을 그리고 5는 그대로 5가 되겠지요.

자릿값 활동이 끝나면 두 수의 크기를 비교하는 활동으로 이어가는 것도 좋습니다. 어느 수가 큰지, 왜 더 크다고 생각했는지 등을 이야기하다보면 자연스레 수의 크기 비교를 이해할 수 있겠지요?

하지만 욕심은 금물입니다. "적게 가르치는 것이 많이 가르치는 것"이라는 말을 아시나요? 조급함을 버리고 수학시간을 즐길 수 있다면 선생님과 학생 모두에게 좋은 일입니다.

90보다 10 큰 수 알아보기

○ 학습 목표

90보다 10 큰 수와 몇 백 알아보기

○ 핵심 내용 – 10분

- 100의 개념

  90보다 10 큰 수, 10개씩 10묶음, 99보다 1 큰 수

- 수 모형으로 알아보기

  일의 모형, 십의 모형, 백의 모형으로 100과 몇 백 알아보기

- 손가락으로 100 세어보기

- 박수치기로 100 세어보기

  "대한민국 짝! 짝! 짝짝짝!"을 활용해 5번 박수치기 20번 하기

✎ 준비물 : 수 모형이나 수 연결큐브

○ 수학 역할극으로 궁금증 찾아보기 – 7분

두 사람의 대화에서 지윤의 궁금증을 찾아주세요.

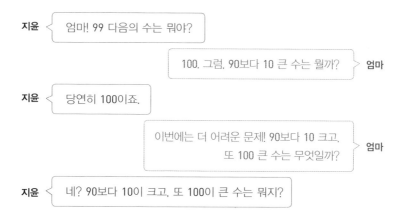

지윤의 궁금증?
90보다 10이 크고, 또 100이 큰 수는 무엇일까?
궁금증 해결!
90보다 10이 크면 100이 됩니다. 여기에 100이 더 크니까 얼마죠? 바로 200입니다.

○ 점프 과제 해결하기 – 15분

1. 우리 가족의 나이를 모두 더해서 얼마인지 말하세요. 그 수가 100보다
   큰지, 작은지 비교해보세요.

2. 아래의 수를 수 모형이나 수 연결큐브로 나타내고 읽어보세요.

300, 700

꿀팁 점프 과제를 시작하기 전 학생들의 이해를 도울 수 있는 핵심 발문이나 꿀

팁을 제공해주세요. 이번 점프 과제의 경우에는 "가족이 엄마, 아빠, 나, 동생이 있으면 4명의 나이를 더하면 됩니다." "가족의 나이를 더한 수가 100보다 큰지, 작은지 비교해서 말하면 됩니다."가 적절합니다.

저학년이라 가족들의 나이를 모르는 경우가 있으므로, 하루 전 '가족 나이 알아오기'를 과제로 내주면 효율적입니다.

점프 과제를 처음 해보는 학생들에게는 아래와 같은 간단한 설명도 필요합니다.

"점프 과제는 짝과 함께 해결하고 설명은 각자 선생님에게 합니다. 선생님은 과제를 해결하는 과정은 물론이고 왜 그렇게 생각했는지 그 이유를 알고 싶으니 이 부분을 잘 생각해서 말해주세요!"

○ 하브루타로 배운 내용 정리하기 – 3분

짝과 함께 90보다 10 큰 수, 100의 개념, 수 모형을 활용한 내용, 수학 역할극 내용, 점프 과제 내용은 물론이고 수업 활동 중 어려웠던 점, 재미있었던 일, 아쉬운 일, 느낀 점 등을 이야기하며 배운 내용을 정리합니다.

○ 중요 단어 및 한 문장 정리 – 2분

– 중요 단어 : 100, 90보다 10 큰 수, 몇 백, 300, 700, 몇 백 쓰고 읽기

– 한 문장 정리 : 90보다 10 큰 수를 '100'이라 쓰고 '백'이라 읽는 것과 몇 백을 배웠다.

○ **생활에서 찾아보기 – 3분**

장미꽃 묶음 사진으로 백과 몇 백 익히기

✎ **준비물 : 장미꽃 100송이 1묶음과 100송이 5묶음 사진**

○ **과정중심평가 성취기준**

1. 90보다 10 큰 수가 100임을 이해할 수 있는가?

2. 짝과 협동하여 점프 과제를 해결하고, 해결 과정을 설명할 수 있는가?

3. 수학 역할극 및 하브루타 활동에 적극적으로 참여하는가?

똘배쌤의 점프 수학

세 자리 수의 개념 이해하기

○ **학습 목표**

세 자리 수 알아보기

○ **핵심 내용 – 13분**

– 세 자리 수의 개념

백의 자리, 십의 자리, 일의 자리로 구성된 수

예) 435는 400+30+5로 100이 4개, 10이 3개, 1이 5개인 수이다.

– 세 자리 수 자릿값에 따라 읽기

예) 435는 백의 자리 4, 십의 자리 3, 일의 자리 5이므로 '사백삼십오'라

고 읽는다.

– 수 모형으로 세 자리 수 나타내기

예) 435는 백의 모형 4개, 십의 모형 3개, 일의 모형 5개로 나타낼 수

있다.

✏️ **준비물 : 수 모형**

○ 수학 역할극으로 궁금증 찾아보기 – 7분

두 사람의 대화에서 윤주의 궁금증을 찾아주세요.

| 윤주 | 엄마! 435는 어떻게 읽어요? |

| 엄마 | 아~, 세 자리 수로구나. 이건 자릿값에 따라 읽으면 되지. |

| 윤주 | 자릿값이요? 자릿값에 따라 어떻게 읽어요? |

| 엄마 | 435에서 4는 백의 자리니까 사백이라고 읽고, 3과 5도 똑같은 원리란다. |

| 윤주 | 아, 진짜! 435를 자릿값에 따라 어떻게 읽지? |

윤주의 궁금증?

궁금증 해결!

○ 점프 과제 해결하기 – 15분

그림을 보고 단추가 모두 몇 개인지 수를 적고 읽어보세요.

○ 하브루타로 배운 내용 정리하기 – 3분

짝과 함께 세 자리 수, 자릿값에 따라 세 자리 수 읽기, 수학 역할극 내용, 점프 과제 내용을 중심으로, 수업 활동 중 어려웠던 점, 재미있었던 일, 아쉬운 일, 느낀 점 등도 이야기하며 배운 내용을 정리합니다.

○ 중요 단어 및 한 문장 정리 – 2분

- 중요 단어 : 세 자리 수, 자릿값, 435, 세 자리 수 읽고 쓰기
- 한 문장 정리 : 자릿값을 생각하며 세 자리 수를 쓰고 읽었다.

○ 과정중심평가 성취기준

1. 세 자리 수를 이해할 수 있는가?
2. 짝과 협동하여 점프 과제를 해결하고, 해결 과정을 설명할 수 있는가?
3. 수학 역할극 및 하브루타 활동에 적극적으로 참여하는가?

각 자리의 숫자는
얼마를 나타낼까요?

○ **학습 목표**

각 자리의 숫자와 수의 개념 이해하기

○ **핵심 내용 – 10분**

－ 수와 숫자의 개념

수는 크기, 양을 나타내고, 숫자는 수를 표현하는 기호를 의미합니다.

셋, 넷, 백은 수이고, 3, 4, 100은 수를 표현하는 숫자입니다.

－ 일의 자리 수와 숫자 알아보기(465에서 5의 의미를 압니다.)

－ 십의 자리 수와 숫자 알아보기(465에서 6의 의미를 압니다.)

－ 백의 자리 수와 숫자 알아보기(465에서 4의 의미를 압니다.)

－ 각 자리로 나타내기(465는 400+60+5입니다.)

○ **수학 역할극으로 궁금증 찾아보기 – 7분**

두 사람의 대화를 읽고 승현의 궁금증을 찾아주세요.

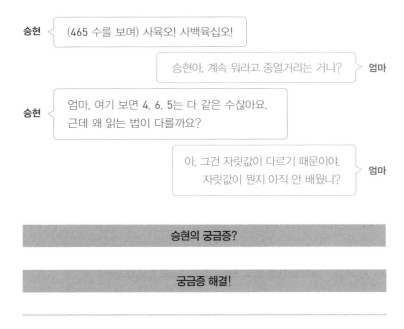

승현 (465 수를 보며) 사육오! 사백육십오!

엄마 승현아, 계속 뭐라고 중얼거리는 거니?

승현 엄마, 여기 보면 4, 6, 5는 다 같은 수잖아요. 근데 왜 읽는 법이 다를까요?

엄마 아, 그건 자릿값이 다르기 때문이야. 자릿값이 뭔지 아직 안 배웠니?

승현의 궁금증?

궁금증 해결!

○ 점프 과제 해결하기 – 15분

1. 555에서 3개의 숫자 5는 각각 얼마를 나타낼까요?

2. 435를 덧셈식으로 나타내세요.

○ 하브루타로 배운 내용 정리하기 – 3분

짝과 함께 배운 내용을 찾아 이야기 나눕니다. 수와 숫자, 각 자리의 숫자, 덧셈식, 백의 자리, 십의 자리, 일의 자리, 수학 역할극 내용, 점프 과제 내용, 수업 활동 중 어려웠던 점, 재미있었던 일, 아쉬운 일, 느낀 점 등을 나눕니다.

○ 중요 단어 및 한 문장 정리 – 2분

- 중요 단어 : 수와 숫자, 자릿값, 백의 자리, 십의 자리, 일의 자리, 각 자리의 숫자, 덧셈식

- 한 문장 정리 : 수와 숫자의 차이점을 배웠고, 각 자리의 숫자를 덧셈식으로 나타냈다.

○ 생활에서 찾아보기 – 3분

세 자리 수가 적힌 사진을 보여주며 "오늘 배운 내용을 찾아볼까요?"라고 질문해보자.

📝 **준비물 : 엘리베이터 안에 있는 탑승 가능 몸무게 사진**

○ 과정중심평가 성취기준

1. 각 자리의 숫자의 개념을 이해할 수 있는가?

2. 짝과 협동하여 점프 과제를 해결하고, 해결 과정을 설명할 수 있는가?

3. 수학 역할극 및 하브루타 활동에 적극적으로 참여하는가?

뛰어서 세어볼까요?

○ 학습 목표

뛰어서 수 세는 법 알기

○ 핵심 내용 – 10분

– 100보다 10씩 커지는 수 뛰어서 세기

110 – 120 – 130 – 140

– 100보다 100씩 커지는 수 뛰어서 세기

100 – 200 – 300 – 400

– 뛰어서 수 세기의 개념

같은 수만큼 커집니다. 같은 수를 계속해서 더합니다.

– 991보다 1씩 커지는 수 뛰어서 세기

991 – 992 – 993 … 999 – 1000

– 1000의 개념

999보다 1 큰 수, 990보다 10 큰 수, 900보다 100 큰 수

– 동전을 가지고 뛰어서 수 세기

✏️ **준비물 : 100원 동전 10개, 1000원 지폐 1개**

○ 수학 역할극으로 궁금증 찾아보기 – 7분

두 사람의 대화에서 윤주의 궁금증을 찾아주세요.

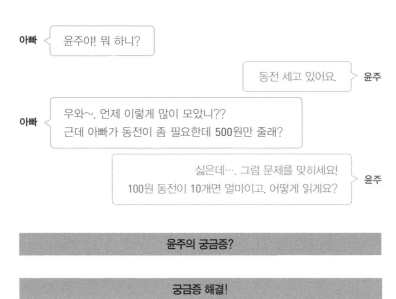

윤주의 궁금증?

궁금증 해결!

○ 점프 과제 해결하기 – 15분

1. 아래 그림의 동전을 하나씩 뛰어서 세어보세요.

2. 1번 과제에서 센 동전이 모두 얼마이고, 어떻게 읽을까요?

3. 100원 동전이 10개면 얼마이고, 어떻게 읽을까요?

○ 하브루타로 배운 내용 정리하기 – 3분

짝과 함께 뛰어서 수 세기, 100보다 10씩 커지는 수, 100보다 100씩 커지는 수, 1000의 개념, 991보다 1씩 커지는 수, 999보다 1 큰 수는 1000, 점프 과제 내용, 수업 활동 중 어려웠던 점, 재미있었던 일, 아쉬운 일, 느낀 점 등을 이야기하며 배운 내용을 정리합니다.

○ 중요 단어 및 한 문장 정리 – 2분

- 중요 단어 : 뛰어서 수 세기, 1000, 천, 100씩 커지는 수, 10씩 커지는 수, 1씩 커지는 수

- 한 문장 정리 : 뛰어서 수 세기를 했고, 1000의 개념을 알았다.

○ 생활에서 찾아보기 – 3분

100원 동전과 1000원 지폐로 뛰어서 수 세기를 익혀보자.

○ 과정중심평가 성취기준

1. 뛰어서 수 세기를 이해할 수 있는가?

2. 짝과 협동하여 점프 과제를 해결하고, 해결 과정을 설명할 수 있는가?

3. 수학 역할극 및 하브루타 활동에 적극적으로 참여하는가?

어느 수가
더 클까요?

○ 학습 목표

어느 수가 더 큰지 알기

○ 핵심 내용 – 10분

– 두 학교의 학생 수 비교하기

하늘초 학생은 389명, 바다초 학생은 412명입니다. 어느 학교의 학생이 더 많은지 비교합니다.

1. 덧셈식으로 비교하기 : 389=300+80+9이고 412=400+10+2이므로 412가 더 큽니다.

2. 동전으로 비교하기 : 389는 100원이 3개, 412는 100원이 4개가 필요하므로 412가 더 큽니다.

3. 수 모형으로 비교하기 : 389는 백 모형이 3개, 십 모형이 8개, 일 모형이 9개이고, 412는 백 모형이 4개, 십 모형이 1개, 일 모형이 2개이므로 412가 더 큽니다.

4. 자릿값에 따라 비교하기 : 자릿값이 큰 백의 자리에서부터 비교합니

다. 412는 백의 자리가 4, 389는 백의 자리가 3이므로 412가 더 큽니다.

― 가장 빠른 방법은 자릿값에 따라 비교하기

✎ 준비물 : 수 모형

○ 수학 역할극으로 궁금증 찾아보기 – 7분

두 사람의 대화에서 예서의 궁금증을 찾아주세요.

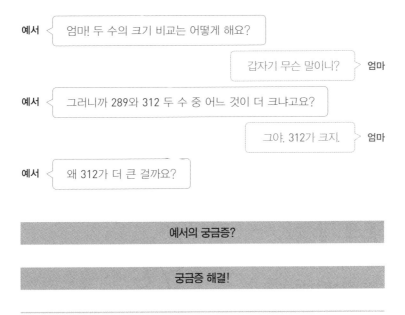

예서 〈 엄마! 두 수의 크기 비교는 어떻게 해요?

갑자기 무슨 말이니? 〉 엄마

예서 〈 그러니까 289와 312 두 수 중 어느 것이 더 크냐고요?

그야, 312가 크지. 〉 엄마

예서 〈 왜 312가 더 큰 걸까요?

예서의 궁금증?

궁금증 해결!

○ 점프 과제 해결하기 – 15분

610, 599, 611 세 수 중 어느 것이 제일 클까요? 큰 순서대로 말하세요.

이때 자릿값과 덧셈식 2가지 방법으로 설명하세요.

○ 하브루타로 배운 내용 정리하기 – 3분

짝과 함께 두 수의 크기 비교하기, 자릿값에 따라 비교하기, 덧셈식으로 비교하기 등을 정리하고 수학 역할극 내용, 점프 과제 내용, 수업 활동 중 어려웠던 점, 재미있었던 일, 아쉬운 일, 느낀 점 등을 이야기합니다.

○ 중요 단어 및 한 문장 정리 – 2분

- 중요 단어 : 두 수의 크기 비교하기, 자릿값, 덧셈식
- 한 문장 정리 : 자릿값과 덧셈식으로 두 수, 세 수의 크기를 비교한다.

○ 생활에서 찾아보기 – 3분

운동회의 청군, 백군 점수를 보고 두 수의 크기를 비교해보자.

청군	백군
650	639

○ 과정중심평가 성취기준

1. 두 수의 크기를 비교하는 방법을 이해할 수 있는가?
2. 짝과 협동하여 점프 과제를 해결하고, 해결 과정을 설명할 수 있는가?
3. 수학 역할극 및 하브루타 활동에 적극적으로 참여하는가?

2단원 여러 가지 도형

· 워밍업 활동

수업에 들어가기 전 이것만큼은 꼭!!!

초등학교 2학년부터는 모양에서 도형으로 지도해야 할 내용이 달라집니다. 동그라미에서 원, 세모에서 삼각형, 네모에서 사각형으로 명칭이 달라지고, 또 오각형, 육각형까지 다양화됩니다.

원의 가장 큰 특징은 곧은 선이 없다는 것입니다. 어느 쪽에서 보아도 동그란 모양입니다. 삼각형과 사각형은 변과 꼭짓점이 각각 3개, 4개인 도형이고, 오각형과 육각형은 변과 꼭짓점이 각각 5개, 6개인 도형입니다. 아울러 생활 속에서 삼각형, 사각형, 오각형, 육각형을 찾아보는 활동도 재미있습니다. 삼각형은 삼각 김밥, 사각형은 창문, 오각형과 육각형은 축구공에서 찾을 수 있습니다.

칠교판이나 쌓기 나무를 가지고 재미있는 시간을 만들 수 있습니다. 칠교판은 두 조각으로 만들기, 세 조각으로 만들기, 일곱 조각으로 만들기 등을 할 수 있고, 쌓기 나무는 쌓은 모양을 말로 설명하거나 설명을 듣고 쌓아보는 등 짝과 함께하는 놀이가 가능합니다. 이를 통해 협동심도 키우고, 의사소통 능력도 향상시킬 수 있습니다. 더불어 자신만의 창의적이고 다양한 모양 만들기에 도전해보는 건 어떨까요?

수학시간은 재미는 물론이고 의미도 있어야 합니다. 또한 수학 공부를 해야 하는 필요성을 느낄 수 있어야 합니다. 삶과 연결된 실생활 수학으로 학생들에게 재미와 의미를 찾아주세요.

생활 속에서 원 알아보기

O **학습 목표**

원을 알고 생활 속에서 찾아보기

O **핵심 내용 – 10분**

– 원의 개념 알기

동그란 모양, 찌그러지지 않은 모양, 뾰족한 부분이 없는 도형

– 원 그리기

교실에서 물건을 이용하여 원 그리기

– 원 찾기

생활에서 찾기(동전, 타이어), 음식에서 찾기(피자), 얼굴에서 찾기(눈동자)

O **수학 역할극으로 궁금증 찾아보기 – 7분**

두 사람의 대화에서 대현의 궁금증을 찾아주세요.

대현: (자동차 바퀴를 보며) 엄마!
자동차 바퀴는 왜 이렇게 생겼어요?

엄마: 무슨 말이니?

대현: 다른 모양도 많은데, 왜 동그란 모양이냐고요?

엄마: 그거야…. 뭐 이유가 있겠지!

대현의 궁금증?

자동차 바퀴는 왜 동그랗게 생겼을까?

궁금증 해결!

자동차 바퀴는 잘 굴러가야 합니다.
가장 잘 굴러가는 도형은 무엇일까요? 바로 원이랍니다.

○ 점프 과제 해결하기 - 15분

자동차 바퀴와 피자는 왜 원 모양일까?

○ 하브루타로 배운 내용 정리하기 - 3분

짝과 함께 원의 개념, 원 찾기, 원 그리기에 대한 내용과 수학 역할극 내용, 점프 과제 내용, 수업 활동 중 어려웠던 점, 재미있었던 일, 아쉬운 일, 느낀 점 등을 이야기하며 배운 내용을 정리합니다.

○ 중요 단어 및 한 문장 정리 - 2분

- 중요 단어 : 원, 원의 개념, 원 찾기, 원 그리기
- 한 문장 정리 : 원을 찾고 그리면서 원의 개념을 알았다.

○ 생활에서 찾아보기 – 3분

생활 속에서 원을 찾으며 익혀보자.

하늘에 떠 있는 달, 자전거, 신호등 등에서 원을 찾을 수 있습니다.

○ 과정중심평가 성취기준

1. 원의 개념을 이해할 수 있는가?
2. 짝과 협동하여 점프 과제를 해결하고, 해결 과정을 설명할 수 있는가?
3. 수학 역할극 및 하브루타 활동에 적극적으로 참여하는가?

생활 속에서 삼각형 알아보기

○ **학습 목표**

　삼각형에 대하여 알아보기

○ **핵심 내용 – 10분**

　– 삼각형의 개념 알기

　　세모 모양, 변과 꼭짓점이 3개인 도형

　– 삼각형의 부분 알기

　　삼각형의 곧은 선을 변이라고 한다. 삼각형에서 두 곧은 선이 만나는
　　점을 꼭짓점이라 한다.

　– 삼각형 찾기

　　교통 표지판, 삼각자 등

　– 삼각형 그리기

　　변과 꼭짓점을 생각하여 삼각형 그리기

○ **수학 역할극으로 궁금증 찾아보기 – 7분**

두 사람의 대화에서 지한의 궁금증을 찾아주세요.

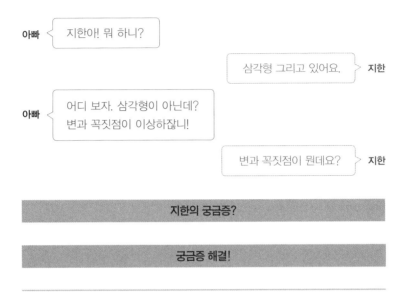

지한의 궁금증?

궁금증 해결!

○ 점프 과제 해결하기 – 15분

삼각형 4개를 이용하여 그림을 그리고 설명하세요.

꿀팁 과제를 해결하는 동안 선생님은 궤간순회를 통해 삼각형의 변과 꼭짓점을 정확하게 그려 그림을 완성할 수 있도록 지도합니다.

○ 하브루타로 배운 내용 정리하기 – 3분

짝과 함께 배운 내용을 찾아 정리하는 시간입니다. 삼각형의 개념, 삼각형 그리기, 삼각형 찾기, 변과 꼭짓점의 개념 및 수학 역할극, 점프 과제 내용, 수업 활동 중 어려웠던 점, 재미있었던 일, 아쉬운 일, 느낀 점 등을 이야기 나눕니다.

O 중요 단어 및 한 문장 정리 – 2분

- 중요 단어 : 삼각형, 삼각형의 개념, 삼각형 찾기, 삼각형 그리기, 변, 꼭짓점
- 한 문장 정리 : 삼각형을 찾고 그리면서 삼각형의 개념을 알았다.

O 생활에서 찾아보기 – 3분

생활 속에서 삼각형을 찾으며 익혀보자.

삼각 김밥, 트라이앵글, 교통표지판 등에서 삼각형을 찾을 수 있습니다.

O 과정중심평가 성취기준

1. 삼각형의 개념을 이해할 수 있는가?
2. 짝과 협동하여 점프 과제를 해결하고, 해결 과정을 설명할 수 있는가?
3. 수학 역할극 및 하브루타 활동에 적극적으로 참여하는가?

생활 속에서 사각형 알아보기

○ **학습 목표**

  사각형에 대하여 알아보기

○ **핵심 내용 – 10분**

  – 사각형의 개념 알기

    네모 모양, 변과 꼭짓점이 4개인 도형

  – 사각형 찾아보기

    교실에서 네모 찾아보기 : 텔레비전, 창문, 모니터, 사물함 등

  – 사각형 만들기

    점판(지오보드)을 이용하여 사각형 만들기

  ✎ **준비물 : 점판(지오보드)**

○ **수학 역할극으로 궁금증 찾아보기 – 7분**

  두 사람의 대화에서 희수의 궁금증을 찾아주세요.

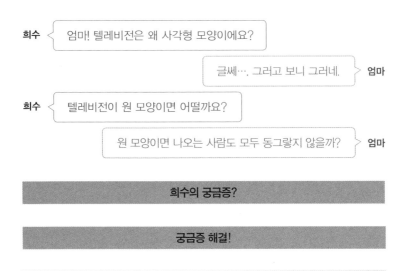

희수: 엄마! 텔레비전은 왜 사각형 모양이에요?

엄마: 글쎄…. 그리고 보니 그러네.

희수: 텔레비전이 원 모양이면 어떨까요?

엄마: 원 모양이면 나오는 사람도 모두 동그랗지 않을까?

희수의 궁금증?

궁금증 해결!

○ 점프 과제 해결하기 – 15분

학교 건물에서 사각형을 찾아보세요.

✎ **준비물 : 학교 건물 사진**

○ 하브루타로 배운 내용 정리하기 – 3분

짝과 함께 사각형의 개념, 사각형 만들기, 사각형 찾기, 4개의 변과 꼭짓점 등 배운 내용을 정리하고, 수학 역할극 내용, 점프 과제 내용, 수업 활동 중 어려웠던 점, 재미있었던 일, 아쉬운 일, 느낀 점 등을 이야기 나눕니다.

○ 중요 단어 및 한 문장 정리 – 2분

– 중요 단어 : 사각형, 사각형의 개념, 변과 꼭짓점이 4개, 텔레비전, 사

각형 찾기, 사각형 만들기

– 한 문장 정리 : 변과 꼭짓점이 4개인 사각형을 찾고 만들며, 사각형의
개념을 알았다.

○ 생활에서 찾아보기 – 3분

생활 속에서 사각형을 찾으며 익혀보자.

과자 상자, 우유 상자, 교실 창문 등에서 사각형을 찾을 수 있습니다.

○ 과정중심평가 성취기준

1. 사각형의 개념을 이해할 수 있는가?

2. 짝과 협동하여 점프 과제를 해결하고, 해결 과정을 설명할 수 있는가?

3. 수학 역할극 및 하브루타 활동에 적극적으로 참여하는가?

칠교판으로 모양을
만들어볼까요?

○ **학습 목표**

칠교판에 대하여 알기

○ **핵심 내용 – 10분**

– 칠교판의 개념

칠교판은 삼각형 5개와 사각형 2개, 총 7개의 조각으로 이루어져 있습니다. 삼각형은 작은 삼각형 2개, 중간 크기의 삼각형 1개, 큰 삼각형 2개가 있고, 사각형은 다른 모양의 사각형 2개가 있습니다.

✎ **준비물 : 칠교판**

○ **수학 역할극으로 궁금증 찾아보기 – 7분**

두 사람의 대화에서 대휘의 궁금증을 찾아주세요.

대휘 ⟨ 엄마! 뭐 하세요?

칠교판이나 가지고 놀아볼까 하는 중이야. > 엄마

대휘 < 칠교판? 그게 뭐예요?

칠교판은 7개의 조각으로 이루어진 교구란다. > 엄마

대휘 < 7개 조각은 어떤 도형들인가요?

대휘의 궁금증?

궁금증 해결!

○ 점프 과제 해결하기 – 15분

칠교판 7조각을 모두 이용하여 나만의 모양을 만들어보세요.

꿀팁 칠교판이 없다면 이전 차시에서 칠교판을 만들어보는 것도 좋습니다.

○ 하브루타로 배운 내용 정리하기 – 3분

짝과 함께 배운 내용을 정리하는 시간입니다. 칠교판, 칠교판을 구성하는 모양, 칠교판을 구성하는 도형, 수학 역할극 내용, 점프 과제 내용, 수업 활동 중 어려웠던 점, 재미있었던 일, 아쉬운 일, 느낀 점 등을 내용으로 이야기 나눕니다.

○ 중요 단어 및 한 문장 정리 – 2분

- 중요 단어 : 칠교판, 5개의 삼각형, 2개의 사각형, 7조각, 모양 만들기
- 한 문장 정리 : 칠교판에 대해 알고 칠교판 7조각으로 나만의 모양을 만들었다.

○ 생활에서 찾아보기 – 3분

생활 속 사진으로 칠교판의 개념을 익혀보자.

✎ **준비물 : 아파트 또는 집 지붕 사진**

꿀팁 사진을 자세히 살펴보는 학생들에게 질문을 던집니다. 칠교판 도형 중 사진에 있는 모양은 어떤 것이 있나요? 칠교판 도형 중 사진에 없는 도형은 어떤 것이 있나요?

○ 과정중심평가 성취기준

1. 칠교판을 이해할 수 있는가?
2. 짝과 협동하여 점프 과제를 해결하고, 해결 과정을 설명할 수 있는가?
3. 수학 역할극 및 하브루타 활동에 적극적으로 참여하는가?

축구공에서 도형을 찾아볼까요?

○ **학습 목표**

오각형과 육각형 알아보기

○ **핵심 내용 – 10분**

– 오각형의 개념

변과 꼭짓점이 5개인 오각형을 칠판에 그려봅니다.

– 육각형의 개념

변과 꼭짓점이 6개인 육각형을 칠판에 그려봅니다.

– 점판(지오보드)으로 오각형, 육각형 만들기

✎ **준비물 : 점판(지오보드)**

○ **수학 역할극으로 궁금증 찾아보기 – 7분**

두 사람의 대화에서 하림의 궁금증을 찾아주세요.

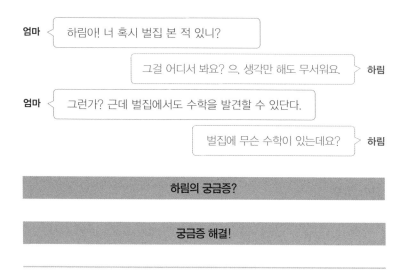

엄마 〈 하림아! 너 혹시 벌집 본 적 있니?

그걸 어디서 봐요? 으, 생각만 해도 무서워요. 〉 하림

엄마 〈 그런가? 근데 벌집에서도 수학을 발견할 수 있단다.

벌집에 무슨 수학이 있는데요? 〉 하림

하림의 궁금증?

궁금증 해결!

○ **점프 과제 해결하기 – 15분**

1. 벌집에서 어떤 수학을 발견할 수 있을까요?

2. 축구공에서 어떤 수학을 발견할 수 있을까요?

○ **하브루타로 배운 내용 정리하기 – 3분**

　짝과 함께 오각형의 개념, 육각형의 개념, 변과 꼭짓점, 오각형과 육각형 만들기, 수학 역할극 내용, 점프 과제 내용, 수업 활동 중 어려웠던 점, 재미있었던 일, 아쉬운 일, 느낀 점 등을 이야기하며 배운 내용을 정리합니다.

○ **중요 단어 및 한 문장 정리 – 2분**

　– 중요 단어 : 오각형, 육각형, 변과 꼭짓점, 오각형과 육각형 만들기, 벌

집, 축구공

– 한 문장 정리 : 변과 꼭짓점을 생각하며 오각형과 육각형을 만들고 익혔다.

○ 생활에서 찾아보기 – 3분

생활 속 물건인 축구공으로 오각형과 육각형을 익혀보자.

🖉 **준비물 : 축구공**

○ 과정중심평가 성취기준

1. 오각형과 육각형을 이해할 수 있는가?

2. 짝과 협동하여 점프 과제를 해결하고, 해결 과정을 설명할 수 있는가?

3. 수학 역할극 및 하브루타 활동에 적극적으로 참여하는가?

쌓기 나무로 쌓아볼까요?

○ 학습 목표

쌓기 나무를 이용하여 여러 가지 모양으로 쌓기

○ 핵심 내용 – 10분

- 쌓기 나무의 개념

쌓기 나무는 정육면체 모양의 입체도형입니다. 좀 더 쉽게 표현하자면 6개의 면으로 이루어진 나무 모형이지요.

- 쌓기 나무의 쓰임새

세우고 쌓을 때 사용합니다.

- 쌓은 모양 설명하기

쌓기 나무를 쌓은 모양을 설명합니다. "빨간색 쌓기 나무가 1개 있다. 빨간색 쌓기 나무 앞에 쌓기 나무 1개, 빨간색 쌓기 나무 위에 쌓기 나무 1개, 빨간색 쌓기 나무 왼쪽에 쌓기 나무 1개." 설명한 쌓기 나무 모양 보여주고 서로 확인합니다.

- 쌓기 나무로 집 만들기

쌓기 나무 3개로 1층 집, 2층 집, 3층 집을 만들어봅니다.

✎ 준비물 : 쌓기 나무

○ 수학 역할극으로 궁금증 찾아보기 – 7분

두 사람의 대화에서 명호의 궁금증을 찾아주세요.

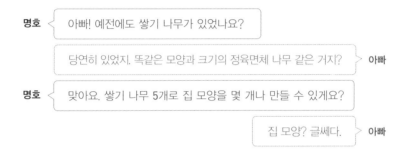

명호: 아빠! 예전에도 쌓기 나무가 있었나요?

아빠: 당연히 있었지. 똑같은 모양과 크기의 정육면체 나무 같은 거지?

명호: 맞아요. 쌓기 나무 5개로 집 모양을 몇 개나 만들 수 있게요?

아빠: 집 모양? 글쎄다.

명호의 궁금증?

궁금증 해결!

○ 점프 과제 해결하기 – 15분

쌓기 나무 5개로 서로 다른 집 모양을 2개 만들어보세요.

○ 하브루타로 배운 내용 정리하기 – 3분

짝과 함께 쌓기 나무의 개념, 쌓기 나무로 여러 가지 모양 만들기, 쌓기 나무 일정한 개수로 여러 가지 모양 만들기, 수학 역할극 내용, 점프 과제 내용, 수업 활동 중 어려웠던 점, 재미있었던 일, 아쉬운 일, 느낀 점 등을 이야기하며 배운 내용을 정리합니다.

○ 중요 단어 및 한 문장 정리 – 2분

– 중요 단어 : 쌓기 나무, 여러 가지 모양, 쌓기 나무 모양 설명하기

– 한 문장 정리 : 쌓기 나무를 이용하여 여러 가지 모양을 만들었다.

○ 생활에서 찾아보기 – 3분

생활 속에 익숙한 아파트 사진을 보여주며 "쌓기 나무를 가지고 아파트를 만들어볼까요? 몇 개의 쌓기 나무가 필요할까요?"라고 질문하고, 쌓기 나무로 아파트를 만들어봅니다.

✎ 준비물 : 아파트 사진

○ 과정중심평가 성취기준

1. 쌓기 나무로 모양 쌓기를 이해할 수 있는가?
2. 짝과 협동하여 점프 과제를 해결하고, 해결 과정을 설명할 수 있는가?
3. 수학 역할극 및 하브루타 활동에 적극적으로 참여하는가?

3단원 덧셈과 뺄셈

· 워밍업 활동

수업에 들어가기 전 이것만큼은 꼭!!!
3단원부터는 본격적인 덧셈과 뺄셈 수업이 시작됩니다. 이때부터 학생들은 수학 교과에 대한 두려움과 하기 싫음, 재미없음을 느끼게 되지요. 즉 '수포자'가 발생할 수 있는 위기의 시간입니다. 그러나 위기는 곧 기회라는 말도 있듯이, 이 단원을 배우며 수학의 재미를 느낄 수도 있습니다. 그럼, 어떻게 지도해야 할까요?

우선, 적게 가르쳐야 합니다. 교육과정을 분석한 후 꼭 가르쳐야 할 내용만 가르치세요. 이 단원에서 반드시 가르쳐야 할 내용은 다음과 같습니다.
첫째, 받아올림이 있는 덧셈입니다. 우수한 학생에게는 큰 문제가 없지만 상당히 많은 학생들이 받아올림이 있는 덧셈을 힘들어합니다. 이때는 수를 자릿값으로 나누어 단순화시킨 후, 자릿값에 따라 나누어 계산하는 것이 가장 이해하기 쉬운 방법입니다.

예를 들어 35+9를 계산해볼까요? 먼저 35를 30과 5로 나눈 후 일의 자리인 5와 9를 더합니다. 그리고 그 값을 30에 더하면 30+14가 되어 44가 되는 것입니다. 이 활동이 충분히 이루어졌다면 이제 세로 셈으로 계산하는 방법을 익힙니다. 이때 제시하는 문제는 1~2개면 충분합니다. 학생들에게 제시하는 문항 수는 되도록 적게 하는 것이 효과적입니다. 우수한 학생들에게는 쉬운 내용이기 때문에 나만의 창의적인 계산 방법을 찾아보게 하는 것도 의미 있는 활동입니다. 그리고 덧셈을 하는 다양한 방법이 있다는 것을 알려주세요.

둘째, 받아내림이 있는 뺄셈입니다. 많은 학생들이 어려워하는 내용이지만, 그렇다고 포기할 수는 없겠지요? 학생들이 이해하기 쉬운 방법을 찾아야 합니다. 그것은 바로 '10'을 이용하는 것입니다. 예를 들어 50-34를 계산한다면, 우선 50을 40과 10으로 가릅니다. 그리고 40에서 30을 빼고, 10에서 4를 뺍니다. 각각의 값은 10과 6이 되고 이를 더하면 16이 됩니다. 55-27도 먼저 55를 45와 10으로 가릅니다. 그러고 나서 45에서 20을 빼고, 10에서 7을 빼면, 각각 25와 3이 되고 이를 더하면 28이 되는 것이지요. 이 활동이 충분히 이루어졌다면 이제 세로 셈으로 계산하는 방법을 익힙니다. 그리고 뺄셈을 다양한 방법으로 할 수 있다는 것을 알려주면 됩니다.

덧셈과 뺄셈을 식으로 나타내기는 구체적 조작물을 가지고 지도하는 것이 효과적입니다. 학생들이 좋아하는 사탕이나 젤리, 바둑돌을 가지고 지도해보세요. 바둑돌처럼 2가지로 색을 구분할 수 있다면 더 효과적인 조작물이 될 수 있습니다.

예를 들어 검정색 바둑돌 15개, 하얀색 바둑돌 15개가 있다면 덧셈식 15+15=30을 만들 수 있습니다. 혹은 뺄셈식 30-15=15도 만들 수 있지요. 이를 통해 덧셈과 뺄셈의 관계도 이해할 수 있을 것입니다.

마지막으로 세 수 계산하기는 계산하는 순서를 지도하는 것이 가장 먼저입니다. 뺄셈이 있는 세 수의 계산은 앞에서부터 차례대로 계산한다고 설명합니다. 간혹 "왜요?"라고 질문하는 학생도 있습니다. 이때는 어떻게 할까요? 간단합니다.

"이건 규칙이란다. 너희들 게임할 때, 게임 규칙대로 하지 않으면 어떻게 되지? 세 수 계산하기도 앞에서부터 순서대로 계산한다는 규칙대로 하지 않으면 틀린 값을 얻게 된단다!"

마지막으로 제가 늘 마음에 두고 있는 말을 소개합니다.
"수업의 양은 적게! 활동량은 많게!
교사의 말은 적게! 학생의 활동은 많게!"

일의 자리에서 받아올림이 있는 덧셈하기

O **학습 목표**

일의 자리에서 받아올림이 있는 덧셈하기

O **핵심 내용 – 10분**

– 덧셈의 개념

커집니다, 증가합니다, 처음의 수보다 무조건 커집니다.

– 일의 자리에서 받아올림이 있는 덧셈식 보여주기

수 모형으로 보여주기(16+6, 23+18)

– 여러 가지 방법으로 덧셈하기

1. 수 모형으로 더하기 : 16+6을 십의 모형과 일의 모형으로 계산합니다. 16+6은 십의 모형 1개, 일의 모형 6개와 일의 모형 6개를 더하는 것입니다. 수 모형을 모두 모으면 십의 모형 1개와 일의 모형 12개입니다. 이때 일의 모형 10개는 십의 모형 1개이므로, 십의 모형 2개, 일의 모형 2개가 됩니다. 값은 22입니다.

2. 자릿값에 따라 더하기 : 16은 10과 6의 합입니다. 일의 자리인 6과 6

을 더하면 12가 되고, 여기에 십의 자리인 10을 더하면 22가 됩니다.

3. 세로 셈으로 더하기 : 세로 셈으로 계산하는 방법은 일의 자리에서 6과 6을 더하면 12가 되고, 이 중 10을 십의 자리 1로 받아올림하면 값은 22가 됩니다.

$$
\begin{array}{r}
16 \\
+\ 6 \\
\hline
22
\end{array}
$$

– 나만의 계산 방법 찾기

학생들이 다양한 계산 방법을 찾을 수 있도록 기다려주고, 새로운 계산 방법을 인정해줍니다.

✏ 준비물 : 수 모형

O **수학 역할극으로 궁금증 찾아보기 – 7분**

두 사람의 대화에서 민유의 궁금증을 찾아주세요.

민유 　엄마! 16+6은 얼마예요?

22. 엄마

민유 　그럼, 23+18은요?

41. 엄마

민유 　우와! 엄마는 어떻게 덧셈을 빨리 계산하는 거예요?

○ 점프 과제 해결하기 - 15분

1. 55+7을 2가지 방법으로 해결하세요.

2. 55+27을 2가지 방법으로 해결하세요.

○ 하브루타로 배운 내용 정리하기 - 3분

짝과 함께 배운 내용을 찾아 정리하는 시간입니다. 덧셈식, 일의 자리에서 받아올림이 있는 덧셈, 받아올림이 있는 덧셈의 계산 방법, 수학 역할극 내용, 점프 과제 내용, 수업 활동 중 어려웠던 점, 재미있었던 일, 아쉬운 일, 느낀 점 등을 이야기합니다.

○ 중요 단어 및 한 문장 정리 - 2분

- 중요 단어 : 덧셈, 덧셈식, 받아올림, 계산 방법, 십의 자리, 일의 자리, 세로 셈
- 한 문장 정리 : 일의 자리에서 받아올림이 있는 덧셈의 계산 방법을 배웠다.

○ **생활에서 찾아보기 – 3분**

친숙한 동물 그림으로 받아올림이 있는 덧셈을 익혀보자.

✎ **준비물 : 토끼 18마리, 오리 14마리 그림**

○ **과정중심평가 성취기준**

1. 받아올림이 있는 덧셈을 이해할 수 있는가?

2. 짝과 협동하여 점프 과제를 해결하고, 해결 과정을 설명할 수 있는가?

3. 수학 역할극 및 하브루타 활동에 적극적으로 참여하는가?

십의 자리에서 받아올림이 있는 덧셈하기

○ 학습 목표

십의 자리에서 받아올림이 있는 덧셈하기

○ 핵심 내용 - 10분

− 십의 자리에서 받아올림이 있는 덧셈 알아보기

처음의 수보다 무조건 커집니다. 자릿값에 따라 더합니다. 받아올림 하여 계산합니다.

− 덧셈식 보여주기

수 모형으로 보여주기(73+43)

− 여러 가지 방법으로 덧셈하기

1. 수 모형으로 더하기 : 73+43을 백의 모형, 십의 모형, 일의 모형으로 계산합니다. 두 수의 모형을 모두 모으면 십의 모형이 11개가 되고, 일의 모형은 6개가 됩니다. 그러면 십의 모형 11개는 백의 모형 1개, 십의 모형 1개가 되고, 여기에 일의 모형 6개를 더하면 116이 됩니다.

2. 자릿값에 따라 더하기 : 일의 자리는 받아올림 없이 6이 되고, 십의
   자리는 받아올림이 있어서 110이 됩니다. 더하면 116입니다.

3. 세로 셈으로 더하기 : 세로 셈으로 70과 40은 110이 됩니다. 십의 자
   리에서 10을 백의 자리 1로 받아올림하면 116입니다.

$$
\begin{array}{r}
73 \\
+\ 43 \\
\hline
116
\end{array}
$$

– 나만의 계산 방법 찾기

학생들이 다양한 계산 방법을 찾을 수 있도록 기다려주고, 새로운 계산
방법을 인정해줍니다.

○ **수학 역할극으로 궁금증 찾아보기 – 7분**

두 사람의 대화에서 혁수의 궁금증을 찾아주세요.

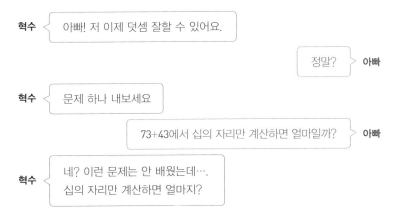

혁수 아빠! 저 이제 덧셈 잘할 수 있어요.

정말? **아빠**

혁수 문제 하나 내보세요

73+43에서 십의 자리만 계산하면 얼마일까? **아빠**

혁수 네? 이런 문제는 안 배웠는데….
십의 자리만 계산하면 얼마지?

○ 점프 과제 해결하기 – 15분

다음 덧셈식을 2가지 방법으로 해결하고 설명하세요.(자릿값에 따라 계산하는 방법은 반드시 포함해야 합니다.)

1. 81+35
2. 45+85

○ 하브루타로 배운 내용 정리하기 – 3분

짝과 함께 덧셈, 십의 자리에서 받아올림, 자릿값, 수학 역할극 내용, 점프 과제 내용, 수업 활동 중 어려웠던 점, 재미있었던 일, 아쉬운 일, 느낀 점 등을 이야기하며 배운 내용을 정리하는 시간을 갖습니다.

○ 중요 단어 및 한 문장 정리 – 2분

- 중요 단어 : 십의 자리, 받아올림, 덧셈, 자릿값, 세로 셈
- 한 문장 정리 : 자릿값을 이용하여 십의 자리에서 받아올림이 있는 덧셈을 해보았다.

○ 생활에서 찾아보기 – 3분

생활 속 사진으로 십의 자리에서 받아올림이 있는 덧셈을 익혀보자. 사진 속 동전을 모두 더하면 얼마일까요?

✏️ 준비물 : 10원 동전 17개, 50원 동전 5개가 있는 사진

○ 과정중심평가 성취기준

1. 십의 자리에서 받아올림이 있는 덧셈을 이해할 수 있는가?

2. 짝과 협동하여 점프 과제를 해결하고, 해결 과정을 설명할 수 있는가?

3. 수학 역할극 및 하브루타 활동에 적극적으로 참여하는가?

여러 가지 방법으로
덧셈을 해볼까요?

○ **학습 목표**

　여러 가지 방법으로 덧셈하기

○ **핵심 내용 – 10분**

　– 덧셈식 알아보기

　　26+17은 덧셈식으로 26 더하기 17입니다.

　– 덧셈식 이해하기

　　26+17은 26보다 17 큰 수입니다.

　– 덧셈식 26+17을 자릿값대로 계산하기

　　일의 자리 6과 7을 더하면 13이고, 십의 자리 2와 1을 더하면 3입니다.

　　일의 자리에서 받아올린 10을 십의 자리에 더하면 43입니다.

　– 덧셈식 26+17을 2번 더하기로 계산하기

　　먼저 26에 10을 더하고, 그 값에 다시 7을 더합니다.

　– 나만의 덧셈 계산 방법 찾기

　　나에게 가장 쉬운 덧셈 계산 방법 찾기

○ 수학 역할극으로 궁금증 찾아보기 – 7분

두 사람의 대화에서 민정의 궁금증을 찾아주세요.

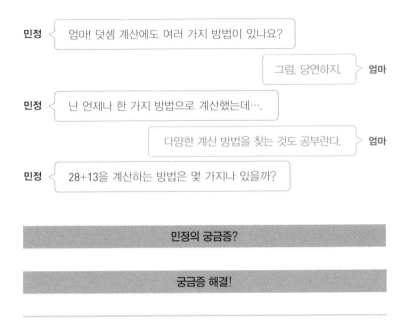

민정 엄마! 덧셈 계산에도 여러 가지 방법이 있나요?

그럼. 당연하지. **엄마**

민정 난 언제나 한 가지 방법으로 계산했는데….

다양한 계산 방법을 찾는 것도 공부란다. **엄마**

민정 28+13을 계산하는 방법은 몇 가지나 있을까?

민정의 궁금증?

궁금증 해결!

○ 점프 과제 해결하기 – 15분

덧셈식 28+13을 2가지 방법으로 해결하세요.

○ 하브루타로 배운 내용 정리하기 – 3분

짝과 함께 덧셈 계산 방법, 수학 역할극 내용, 점프 과제 내용, 수업 활동 중 어려웠던 점, 재미있었던 일, 아쉬운 일, 느낀 점 등을 이야기하며 배운 내용을 정리합니다.

○ 중요 단어 및 한 문장 정리 – 2분

- 중요 단어 : 계산 방법, 덧셈, 자릿값, 2번 더하기

- 한 문장 정리 : 자릿값 더하기와 2번 더하기로 덧셈을 계산했다.

○ 생활에서 찾아보기 – 3분

생활에서 자주 찍는 가족 사진을 활용해 덧셈의 여러 가지 계산 방법을 익혀보자. 엄마와 아빠의 나이를 더하면 몇일까요? (수업 전에 숙제로 엄마, 아빠 나이를 알아오도록 합니다.)

✎ **준비물 : 가족 사진**

○ 과정중심평가 성취기준

1. 덧셈을 계산하는 방법을 이해할 수 있는가?

2. 짝과 협동하여 점프 과제를 해결하고, 해결 과정을 설명할 수 있는가?

3. 수학 역할극 및 하브루타 활동에 적극적으로 참여하는가?

받아내림이 있는 뺄셈하기
(두 자리 수-한 자리 수)

○ **학습 목표**

받아내림이 있는 뺄셈하기(1)

○ **핵심 내용 – 10분**

– 뺄셈의 개념

작아집니다. 처음의 수보다 무조건 작아집니다.

– 여러 가지 방법으로 뺄셈하기

1. 수 모형으로 빼기 : 십의 모형을 일의 모형으로 바꾸어 뺄셈을 합니다. 11−2를 수 모형으로 알아보면 11은 십의 모형 1개와 일의 모형 1개이고 이는 일의 모형 11개로 바꿀 수 있습니다. 여기서 2개를 빼면 9개의 일의 모형이 남습니다.

2. 수 가르기 하여 빼기 : 11−2를 계산합니다. 11을 10과 1로 가르기한 후, 10에서 2를 뺀 8에 다시 1을 더하면 9가 됩니다. 같은 원리로 75−8을 계산해봅니다. 75를 65와 10으로 가른 후 10에서 8을 뺀 2에 65를 더하면 67이 됩니다.

3. 세로 셈으로 빼기 : 세로 셈으로 십의 자리 1을 일의 자리 10으로 바
꾸어 계산합니다.

$$
\begin{array}{r}
75 \\
-\ 8 \\
\hline
67
\end{array}
$$

✎ 준비물 : 수 모형

○ 수학 역할극으로 궁금증 찾아보기 – 7분

두 사람의 대화에서 석원의 궁금증을 찾아주세요.

석원 : 엄마! 전 뺄셈이 덧셈보다 더 어려워요.

엄마도 그랬어. : 엄마

석원 : 지금은 뺄셈 잘하잖아요.

그럼, 다 방법이 있단다. : 엄마

석원 : 그래요? 그 방법이 뭔데요?

석원의 궁금증?

궁금증 해결!

○ 점프 과제 해결하기 – 15분

받아내림이 있는 뺄셈 22-4를 쉽게 계산하는 방법을 찾아보세요.

○ 하브루타로 배운 내용 정리하기 – 3분

짝과 함께 뺄셈, 받아내림, 받아내림이 있는 뺄셈 계산 방법, 십의 자리를 일의 자리로 바꾸기, 수학 역할극 내용, 점프 과제 내용, 수업 활동 중 어려웠던 점, 재미있었던 일, 아쉬운 일, 느낀 점 등을 이야기하며 배운 내용을 정리합니다.

○ 중요 단어 및 한 문장 정리 – 2분

– 중요 단어 : 뺄셈, 받아내림, 두 자리 수-한 자리 수 뺄셈, 십의 자리와 일의 자리, 세로 셈

– 한 문장 정리 : 받아내림이 있는 두 자리 수-한 자리 수 뺄셈의 계산 방법을 배웠다.

○ 생활에서 찾아보기 – 3분

생활에서 자주 찍는 가족 사진을 활용해 받아내림이 있는 뺄셈을 익혀보자. 엄마와 아빠 혹은 손위 형제자매의 나이에서 나의 나이를 빼면 몇일까요? (수업 전에 숙제로 가족들 나이를 알아오도록 합니다.)

꿀팁 2학년은 아홉 살이기 때문에 반드시 받아내림이 있는 뺄셈을 하게 됩니다.

✎ 준비물 : 가족 사진

1. 받아내림이 있는 두 자리 수−한 자리 수를 이해할 수 있는가?

2. 짝과 협동하여 점프 과제를 해결하고, 해결 과정을 설명할 수 있는가?

3. 수학 역할극 및 하브루타 활동에 적극적으로 참여하는가?

받아내림이 있는 뺄셈하기
(두 자리 수-두 자리 수)

O 학습 목표

받아내림이 있는 뺄셈하기(2)

O 핵심 내용 – 10분

– 뺄셈의 개념

작아집니다. 처음의 수보다 무조건 작아집니다.

– 여러 가지 방법으로 뺄셈하기

1. 수 모형으로 빼기 : 십의 모형을 일의 모형으로 바꾸는 방법입니다. 80-32를 수 모형으로 바꾸면 80은 십의 모형 7개와 일의 모형 10개로, 32는 십의 모형 3개와 일의 모형 2개입니다. 이를 각각 빼면 십의 모형 4개와 일의 모형 8개 됩니다. 뺄셈 값은 48입니다.

2. 수 가르기 하여 빼기 : 81-25를 수 가르기 하여 계산합니다. 우선 81을 70과 11로 나누고, 25는 20과 5로 나누어 십의 자리, 일의 자리를 각각 뺄셈합니다. 그러면 십의 자리는 50, 일의 자리는 6이 되므로 뺄셈 값은 56입니다.

3. 세로 셈으로 빼기 : 세로 셈으로 십의 자리 1을 일의 자리 10으로 바꾸어 계산합니다.

$$\begin{array}{r} 81 \\ -\ 25 \\ \hline 56 \end{array}$$

✎ 준비물 : 수 모형

○ **수학 역할극으로 궁금증 찾아보기 – 7분**

두 사람의 대화에서 유태의 궁금증을 찾아주세요.

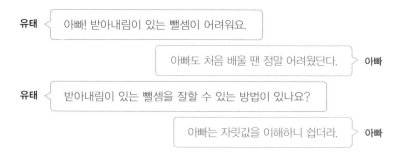

유태 〈 아빠! 받아내림이 있는 뺄셈이 어려워요.

아빠도 처음 배울 땐 정말 어려웠단다. 〉 아빠

유태 〈 받아내림이 있는 뺄셈을 잘할 수 있는 방법이 있나요?

아빠는 자릿값을 이해하니 쉽더라. 〉 아빠

유태의 궁금증?

궁금증 해결!

○ **점프 과제 해결하기 – 15분**

받아내림이 있는 뺄셈식 72-18을 자릿값을 이용하여 계산하세요.

ㅇ 하브루타로 배운 내용 정리하기 – 3분

짝과 함께 배운 내용을 정리하는 시간입니다. 뺄셈, 받아내림이 있는 뺄셈, 두 자리 수-두 자리 수 뺄셈, 수학 역할극 내용, 점프 과제 내용, 수업 활동 중 어려웠던 점, 재미있었던 일, 아쉬운 일, 느낀 점 등을 이야기합니다.

ㅇ 중요 단어 및 한 문장 정리 – 2분

– 중요 단어 : 뺄셈, 받아내림, 두 자리 수-두 자리 수 뺄셈 계산 방법, 십의 자리와 일의 자리, 세로 셈

– 한 문장 정리 : 받아내림이 있는 두 자리 수-두 자리 수 뺄셈의 계산 방법을 배웠다.

ㅇ 생활에서 찾아보기 – 3분

거북이와 백곰의 평균 수명으로 두 자리 수-두 자리 수 뺄셈을 익혀보자.

꿀팁 "거북이와 백곰 중 누가 얼마나 더 오래 살까?"라는 질문을 통해 뺄셈을 익힐 수 있습니다. 거북이의 평균 수명은 60년이고 백곰의 평균 수명은 34년입니다.

ㅇ 과정중심평가 성취기준

1. 받아내림이 있는 두 자리 수-두 자리 수 뺄셈을 이해할 수 있는가?

2. 짝과 협동하여 점프 과제를 해결하고, 해결 과정을 설명할 수 있는가?

3. 수학 역할극 및 하브루타 활동에 적극적으로 참여하는가?

여러 가지 방법으로
뺄셈을 해볼까요?

○ 학습 목표

여러 가지 방법으로 뺄셈하기

○ 핵심 내용 – 10분

– 뺄셈식 이해하기

30-11을 이해합니다. 30보다 11 작은 수를 구하는 식입니다. 30보다 무조건 작아집니다.

– 여러 가지 방법으로 뺄셈하기

1. 자릿값으로 빼기 : 30-11은 30에서 10을 뺀 후, 20에서 1을 빼면 됩니다.

2. 십의 자리 1을 일의 자리 10으로 바꾸기 : 십의 자리 1을 일의 자리 10으로 바꾸어 계산하면, 십의 자리는 2에서 1을 빼서 1이 되고 일의 자리는 10에서 1을 빼서 9가 됩니다.

3. 덧셈을 이용하여 빼기 : 덧셈을 이용한 빼기를 쉬운 문제부터 해봅니다. 2-1=1, 5-1=4, 10-5=5를 통해 빼는 수(1, 1, 5)와 뺄셈에서

나온 결과 값(1, 4, 5)을 더하면 처음의 수(2, 5, 10)가 나온다는 것을 이해시킵니다. 원래의 문제로 돌아와 빼는 수 11에 얼마를 더해야 처음의 수 30이 되는지를 계산하여 뺄셈 값을 구합니다.

4. 세로 셈으로 해결하기 : 30-11을 세로 셈으로 계산합니다.

$$\begin{array}{r} 30 \\ -\ 11 \\ \hline 19 \end{array}$$

– 나만의 뺄셈 계산 방법 찾기

○ 수학 역할극으로 궁금증 찾기 – 7분

두 사람의 대화에서 승현의 궁금증을 찾아주세요.

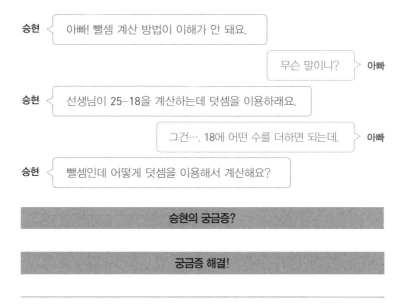

승현 아빠! 뺄셈 계산 방법이 이해가 안 돼요.

무슨 말이니? **아빠**

승현 선생님이 25-18을 계산하는데 덧셈을 이용하래요.

그건…. 18에 어떤 수를 더하면 되는데. **아빠**

승현 뺄셈인데 어떻게 덧셈을 이용해서 계산해요?

승현의 궁금증?

궁금증 해결!

○ 점프 과제 해결하기 - 15분

뺄셈식 25-18을 덧셈을 이용하여 계산하세요.

○ 하브루타로 배운 내용 정리하기 - 3분

짝과 함께 뺄셈에 관한 내용, 여러 가지 뺄셈 계산 방법, 수학 역할극 내용, 점프 과제 내용, 수업 활동 중 어려웠던 점, 재미있었던 일, 아쉬운 일, 느낀 점 등을 이야기하며 배운 내용을 정리합니다.

○ 중요 단어 및 한 문장 정리 - 2분

- 중요 단어 : 뺄셈, 여러 가지 뺄셈 계산 방법, 덧셈, 자릿값, 십의 자리, 일의 자리, 세로 셈
- 한 문장 정리 : 여러 가지 뺄셈 계산 방법을 배웠다.

○ 생활에서 찾아보기 - 3분

"형은 줄넘기를 28번, 난 19번 했다. 누가 줄넘기를 몇 번 더 많이 했을까요?"라는 질문을 던져 여러 가지 뺄셈 계산 방법을 익혀보자.

○ 과정중심평가 성취기준

1. 여러 가지 뺄셈 계산 방법을 이해할 수 있는가?
2. 짝과 협동하여 점프 과제를 해결하고, 해결 과정을 설명할 수 있는가?
3. 수학 역할극 및 하브루타 활동에 적극적으로 참여하는가?

여러 가지 수의 계산 방법 알아보기

○ **학습 목표**

여러 가지 방법으로 수 계산하기

○ **핵심 내용 – 10분**

– □의 값 구하기

모르는 수를 □로 나타내고, □의 값 구하기

1. 덧셈식으로 구하기 : 개천에 오리가 3마리 있었는데, 한 시간 후 8마리가 되었습니다. 몇 마리가 더 왔을까요? 모르는 수인 몇 마리를 □로 나타내고, □의 값을 구하기 위한 덧셈식 3+□=8을 세웁니다. □는 5가 됩니다.

2. 뺄셈식으로 구하기 : 버스 안에 13명이 있었는데, 버스 정류장에서 몇 명이 내렸습니다. 버스 안에 10명이 남았다면 몇 명이 내린 걸까요? 모르는 수인 몇 명을 □로 나타내고, □의 값을 구하기 위한 뺄셈식 13-□=10을 세웁니다. □는 3이 됩니다.

– 세 수 계산하기

세 수를 계산할 때는 차례대로 합니다. 26+14-10을 계산한다면 26+14를 계산한 후에 그 값 40에서 10을 뺍니다. 결과 값은 30입니다.

○ 수학 역할극으로 궁금증 찾기 - 7분

두 사람의 대화에서 승훈의 궁금증을 찾아주세요.

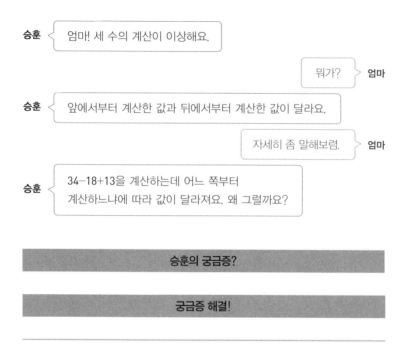

○ 점프 과제 해결하기 - 15분

34-18+13을 앞부터, 그리고 뒤부터 계산한 후 두 값을 비교해보세요.

○ 하브루타로 배운 내용 정리하기 – 3분

짝과 함께 수의 계산 방법, 수학 역할극 내용, 점프 과제 내용, 수업 활동 중 어려웠던 점, 재미있었던 일 등을 이야기하며 배운 내용을 정리합니다.

○ 중요 단어 및 한 문장 정리 – 2분

– 중요 단어 : 모르는 수, 세 수, 세 수의 계산 방법, 차례대로 계산하기

– 한 문장 정리 : 세 수를 차례대로 계산했다.

○ 생활에서 찾아보기 – 3분

꽃밭에 핀 꽃 그림으로 세 수의 계산을 익혀보자.

"장미와 튤립의 합은 코스모스보다 얼마나 더 많을까요?" 이 질문의 답을 구하기 위한 식을 세워 계산해봅니다.

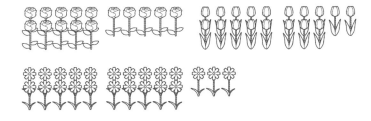

○ 과정중심평가 성취기준

1. 세 수의 계산 방법을 이해할 수 있는가?
2. 짝과 협동하여 점프 과제를 해결하고, 해결 과정을 설명할 수 있는가?
3. 수학 역할극 및 하브루타 활동에 적극적으로 참여하는가?

4단원 길이 재기

· 워밍업 활동

수업에 들어가기 전 이것만큼은 꼭!!!

이번 단원에서는 여러 가지 단위에 대해 배웁니다. 특히 길이를 재는 단위인 1cm를 알아봅니다. 자를 이용하여 길이를 재는 방법도 익히는데, 이때 0부터 재는 방법뿐만 아니라 다른 수를 기준으로 재는 방법도 알아야 합니다. 아울러 자를 이용하지 않고 길이를 어림하는 방법을 배워 어림감각도 함께 키웁니다.

길이에는 여러 가지 단위가 있습니다. 먼저 학생들과 생활 속에서 사용하는 여러 가지 단위를 찾아봅니다. 그리고 가장 많이 사용하는 길이 단위인 cm에 대해 알아봅니다. 먼저 1cm가 얼마만큼의 길이인지 이야기합니다. 학생들의 다양한 의견을 경청한 후, 1cm를 도입하여 '일 센티미터'라고 읽는 법을 지도합니다.

1cm의 개념 정리가 끝나면 학생들과 손가락을 이용하여 1cm 만들기를 해봅니다. 그리고 "1cm가 어느 정도의 길이인가요?"라는 질문으로 그것이 작은 길이 단위라는 것을 느낄 수 있도록 합니다.

마지막 활동으로 교실에서 짝과 함께 1cm 길이의 물건을 찾아보도록 합니다. 활동이 끝나면 찾은 물건을 발표하고 전체 학생들과 의견을 공유합니다. 아울러 선생님이 제시하는 지우개의 길이를 함께 어림해봅니다.

초등학교 저학년 학생들에게는 수학에 대한 관심과 흥미를 갖도록 하는 것이 가장 중요합니다. 그러므로 재미있고 활동적이며 흥미 가득한 환경을 만드는 것에 보다 많은 관심을 기울여야 합니다.

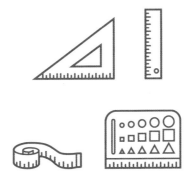

여러 가지 단위로
길이 재기

○ **학습 목표**

여러 가지 단위로 길이 재기

○ **핵심 내용 – 10분**

– 길이의 개념

사전적 의미는 "한 끝에서 다른 한 끝까지의 거리"입니다. 지우개와 연필, 수학책으로 길이의 개념 알기

– 단위의 개념

사전적 의미는 "길이, 무게, 시간 따위의 수량을 수치로 나타낼 때 기초가 되는 일정한 기준"입니다.

1. 우리 몸에서 단위 찾기 : 뼘, 손톱, 발, 팔, 손

2. 교실에서 단위 찾기 : 풀, 연필, 색종이, 클립

– 여러 가지 단위 사용의 불편함

여러 가지 단위를 사용하면 길이를 비교하기 어려워 불편합니다. 때문에 통일된 단위가 필요합니다.

○ 수학 역할극으로 궁금증 찾기 – 7분

두 사람의 대화에서 효인의 궁금증을 찾아주세요.

엄마 효인아! 왜 그렇게 심각하니?

책상의 가로 길이를 뼘이랑 이쑤시개, 지우개로 재봤거든요.
근데 너무 힘들고 또 잴 때마다 다 달라요. **효인**

엄마 (어깨를 토닥토닥해주며) 정말 힘들었겠다.

엄마! 책상의 가로 길이를 잴 수 있는 쉬운 방법이 없을까요? **효인**

효인의 궁금증?

책상의 길이를 잴 수 있는 쉬운 방법은 무엇일까?

궁금증 해결!

책상의 길이는 길기 때문에 단위가 너무 짧으면 길이를 재기가 어렵습니다. 따라서 짧은 이쑤시개나 지우개보다는 뼘이나 책을 이용해야 보다 쉽게 길이를 알 수 있습니다.

○ 점프 과제 해결하기 – 15분

책상의 가로 길이를 2가지 단위(물건)를 이용해 재보세요.

○ 하브루타로 배운 내용 정리하기 – 3분

짝과 함께 길이와 단위의 개념, 여러 가지 단위, 수학 역할극 내용, 점프 과제 내용, 수업 활동 중 어려웠던 점, 재미있었던 일, 아쉬운 일, 느낀 점 등을 이야기하며 배운 내용을 정리합니다.

○ 중요 단어 및 한 문장 정리 – 2분

– 중요 단어 : 길이, 여러 가지 단위

– 한 문장 정리 : 여러 가지 단위로 길이를 재보면서 불편함을 느꼈다.

○ 생활에서 찾아보기 – 3분

교실 앞 텔레비전을 통해 여러 가지 단위로 길이 재기를 익혀보자.

텔레비전의 가로 길이는 여러분 뼘으로 몇 번일까요? 손톱으로는 몇 번일까요? 쉽고 정확하게 길이를 재려면 어떤 방법이 있을까요?

○ 과정중심평가 성취기준

1. 여러 가지 단위로 길이 재기를 이해할 수 있는가?

2. 짝과 협동하여 점프 과제를 해결하고, 해결 과정을 설명할 수 있는가?

3. 수학 역할극 및 하브루타 활동에 적극적으로 참여하는가?

1cm를 알아볼까요?

○ **학습 목표**

1cm 알아보기

○ **핵심 내용 – 10분**

– 여러 가지 단위 알아보기

뼘, 손톱, 손, 발, 지우개 등도 길이를 재는 단위가 될 수 있습니다.

– 여러 가지 단위 사용의 불편함

여러 가지 단위로 재보니 결과 값이 다 달라 불편합니다. 누구나 쉽게 잴 수 있는 통일된 정확한 단위가 필요합니다.

– 1cm의 개념

교과서에 있는 1cm 길이를 보여주며, 이 길이를 1cm라고 약속했음을 설명합니다. 쓸 때는 '1cm', 읽을 때는 '일 센티미터'라고 약속했음도 알려줍니다.

○ **수학 역할극으로 궁금증 찾기 – 7분**

두 사람의 대화에서 수아의 궁금증을 찾아주세요.

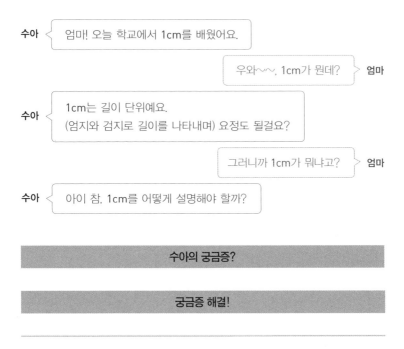

수아의 궁금증?	

궁금증 해결!	

○ 점프 과제 해결하기 − 15분

1. 1cm를 설명하세요.

2. 1cm가 2번일 때, 길이를 쓰고 읽어보세요.

꿀팁 1cm에 대한 학생들의 다양한 설명을 경청하고, 여러 가지 단위를 사용하는 불편함을 해결하기 위해 많은 나라에서 길이의 단위로 미터법을 사용하고 있음을 이야기합니다. 미터법의 기준이 되는 길이가 바로 **1cm** 라는 사실도 알려주세요.

○ 하브루타로 배운 내용 정리하기 – 3분

짝과 함께 배운 내용을 정리하는 시간입니다. 1cm에 관한 내용, 수학 역할극 내용, 점프 과제 내용, 수업 활동 중 어려웠던 점, 재미있었던 일, 아쉬운 일, 느낀 점 등을 이야기합니다.

○ 중요 단어 및 한 문장 정리 – 2분

- 중요 단어 : 여러 가지 단위, 1cm, 일 센티미터, 불편함, 미터법
- 한 문장 정리 : 길이 단위 '1cm'와 이를 '일 센티미터'라고 읽는다는 것을 배웠다.

○ 생활에서 찾아보기 – 3분

생활에서 사용하는 천 원 지폐를 가지고 1cm를 익혀보자.

천 원 지폐의 짧은 쪽에는 1cm가 몇 번 들어 있을까요?

✎ **준비물 : 천 원 지폐**

○ 과정중심평가 성취기준

1. 1cm를 이해할 수 있는가?
2. 짝과 협동하여 점프 과제를 해결하고, 해결 과정을 설명할 수 있는가?
3. 수학 역할극 및 하브루타 활동에 적극적으로 참여하는가?

자를 가지고
놀아볼까요?

○ **학습 목표**

    자에 대하여 알아보기

○ **핵심 내용 – 10분**

    – 여러 가지 자 살펴보기

        다양한 자를 제시하고 어디에 어떻게 사용하는 것인지 이야기해봅니다.

    – 자를 가지고 놀기

        나누어준 모형 자를 가지고 놀면서 자세히 살펴봅니다.

    – 자로 길이를 재면 좋은 점

        정확한 길이를 알 수 있습니다. 또한 똑같은 길이 단위이므로 누구나

        알고 비교하기 편합니다.

    – 자를 이용하여 길이 재는 방법

        1. 물건의 한쪽 끝을 자의 눈금 0에 맞춘다.

        2. 물건의 다른 쪽 끝이 위치한 자의 눈금을 읽는다.

    – 자로 길이를 잴 때 주의할 점

물건의 한쪽 끝을 0에 맞춰야 합니다. 0이 안 되거나 0을 약간 넘는 위치에 물건의 끝을 맞추면 정확한 길이를 잴 수 없습니다.

○ 수학 역할극으로 궁금증 찾기 – 7분

두 사람의 대화에서 윤주의 궁금증을 찾아주세요.

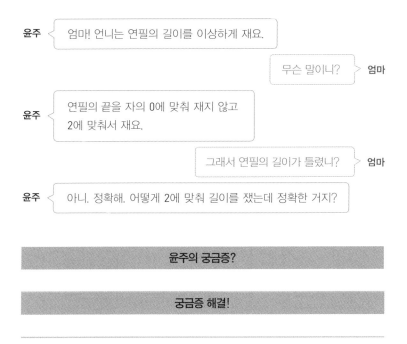

| 윤주 | 엄마! 언니는 연필의 길이를 이상하게 재요. |

| 무슨 말이니? | 엄마 |

| 윤주 | 연필의 끝을 자의 0에 맞춰 재지 않고 2에 맞춰서 재요. |

| 그래서 연필의 길이가 틀렸니? | 엄마 |

| 윤주 | 아니. 정확해. 어떻게 2에 맞춰 길이를 쟀는데 정확한 거지? |

윤주의 궁금증?

궁금증 해결!

○ 점프 과제 해결하기 – 15분

딱풀의 세로 길이를 자를 이용하여 2가지 방법으로 재보세요.

○ 하브루타로 배운 내용 정리하기 – 3분

짝과 함께 자에 관한 내용, 자로 길이를 재는 방법, 자를 이용하면 좋은 점은 물론 수학 역할극 내용, 점프 과제 내용, 수업 활동 중 어려웠던 점, 재미있었던 일, 아쉬운 일, 느낀 점 등을 이야기하며 배운 내용을 정리합니다.

○ 중요 단어 및 한 문장 정리 – 2분

- 중요 단어 : 자, 자를 이용해 길이 재기, 자로 길이 재기의 좋은 점
- 한 문장 정리 : 자를 이용해 길이 재는 방법을 익히며 좋은 점을 배웠다.

○ 생활에서 찾아보기 – 3분

다양한 자들을 사용하며 자의 특징을 익혀보자.

교실에 있는 물건을 제시하여 어떤 자를 사용하면 편리하게 길이를 잴 수 있는지 학생들의 이야기를 들어봅니다.

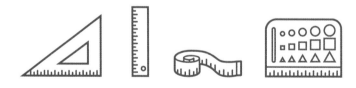

○ 과정중심평가 성취기준

1. 자를 이용하여 길이 재기를 이해할 수 있는가?
2. 짝과 협동하여 점프 과제를 해결하고, 해결 과정을 설명할 수 있는가?
3. 수학 역할극 및 하브루타 활동에 적극적으로 참여하는가?

똘배쌤의 점프 수학

4차시

자로 길이를 재볼까요?

O **학습 목표**

자로 길이 재기

O **핵심 내용 – 10분**

– 자로 길이를 재면 좋은 점

누구나 물건이나 물체의 정확한 길이를 알 수 있습니다. 그래서 쉽게
비교할 수 있습니다.

– 자로 길이 재기

물건의 한쪽 끝이 자의 눈금 사이에 있을 때는 가까이에 있는 숫자를 읽
으며, 숫자 앞에 '약'을 붙입니다. 아래 그림의 풀은 4cm를 약간 넘으므
로 '약 4cm'이고, 옷핀은 4cm에 약간 미치지 못하므로 '약 4cm'입니다.

○ 수학 역할극으로 궁금증 찾기 – 7분

두 사람의 대화에서 미연의 궁금증을 찾아주세요.

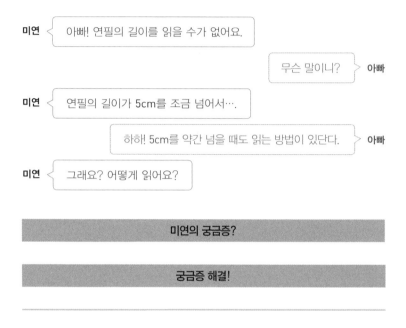

미연 아빠! 연필의 길이를 읽을 수가 없어요.

아빠 무슨 말이니?

미연 연필의 길이가 5cm를 조금 넘어서….

아빠 하하! 5cm를 약간 넘을 때도 읽는 방법이 있단다.

미연 그래요? 어떻게 읽어요?

미연의 궁금증?

궁금증 해결!

○ 점프 과제 해결하기 – 15분

자신이 가지고 있는 물건의 길이를 재고 읽어보세요. 연필, 지우개, 필통, 풀 등 어떤 물건도 괜찮습니다.

○ 하브루타로 배운 내용 정리하기 – 3분

짝과 함께 배운 내용을 찾아 정리하는 시간입니다. 자로 길이 재기, 자로 잰 길이 읽기, '약'에 관한 내용, 수학 역할극 내용, 점프 과제 내용, 수업 활동 중 어려웠던 점, 재미있었던 일, 아쉬운 일, 느낀 점 등이 포함되어야 합니다.

○ 중요 단어 및 한 문장 정리 – 2분

　– 중요 단어 : 자, 자로 길이 재고 읽기, 약, 약 ○cm

　– 한 문장 정리 : 자로 길이를 재고 읽을 때 '약'을 사용하는 것을 배웠다.

○ 생활에서 찾아보기 – 3분

생활에서 사용하는 가위나 붓의 길이를 자로 재보자.

✎ 준비물 : 가위, 붓

○ 과정중심평가 성취기준

1. 자로 길이를 재고 읽을 때 '약'의 의미를 이해할 수 있는가?

2. 짝과 협동하여 점프 과제를 해결하고, 해결 과정을 설명할 수 있는가?

3. 수학 역할극 및 하브루타 활동에 적극적으로 참여하는가?

길이를 어림하고
확인해보기

○ **학습 목표**

길이를 어림하고 확인하기

○ **핵심 내용 – 10분**

– 어림하기

어림하기는 실제 값은 아니지만 그와 가까운 값을 추측하는 것입니다.

어림한 길이를 말할 때는 숫자 앞에 '약'을 붙여서 말합니다.

– 길이를 어림하면 좋은 점

자가 없어도 실제 길이에 가까운 값을 알 수 있습니다.

– 길이를 어림하여 선 긋기

1cm, 2cm, 4cm, 8cm의 선을 어림하여 그어봅니다.

– 길이를 어림하여 자 만들기

아이클레이를 이용하여 10cm 길이를 어림하여 자를 만듭니다.

– 어림하여 만든 자로 재기

아이클레이로 어림하여 만든 10cm 자로 물건의 길이를 재봅니다.

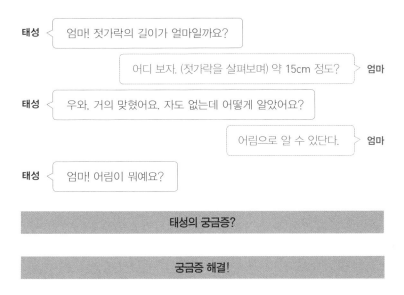

✎ 준비물 : 아이클레이

○ 수학 역할극으로 궁금증 찾기 – 7분

두 사람의 대화에서 태성의 궁금증을 찾아주세요.

태성 엄마! 젓가락의 길이가 얼마일까요?

어디 보자. (젓가락을 살펴보며) 약 15cm 정도? **엄마**

태성 우와, 거의 맞혔어요. 자도 없는데 어떻게 알았어요?

어림으로 알 수 있단다. **엄마**

태성 엄마! 어림이 뭐예요?

태성의 궁금증?

궁금증 해결!

○ 점프 과제 해결하기 – 15분

공깃돌, 손바닥, 손톱깎이, 연필 등의 길이를 어림해보세요.

✎ 준비물 : 공깃돌, 손톱깎이, 연필

○ 하브루타로 배운 내용 정리하기 – 3분

짝과 함께 어림하기, 어림하여 선 긋기, 어림하여 만들기를 정리하고, 수학 역할극 내용, 점프 과제 내용, 수업 활동 중 어려웠던 점, 재미있었던 일, 아쉬운 일, 느낀 점 등을 이야기합니다.

○ 중요 단어 및 한 문장 정리 – 2분

- 중요 단어 : 어림하기, 실제 값, 어림하면 좋은 점, 어림하여 선 긋기, 어림하여 만들기
- 한 문장 정리 : 어림하기의 개념과 좋은 점을 알고, 어림하여 선 긋기와 만들기를 해보았다.

○ 생활에서 찾아보기 – 3분

생활에서 사용하는 휴대폰, 숟가락, 빗, 머리핀의 길이를 어림해보자.

어림하기를 마치면 자를 이용하여 정확한 길이를 측정해 두 값을 비교합니다.

○ 과정중심평가 성취기준

1. 어림의 의미를 이해할 수 있는가?
2. 짝과 협동하여 점프 과제를 해결하고, 해결 과정을 설명할 수 있는가?
3. 수학 역할극 및 하브루타 활동에 적극적으로 참여하는가?

5단원 분류하기

· 워밍업 활동

수업에 들어가기 전 이것만큼은 꼭!!!

먼저 학생들과 분류하기에 대하여 이야기를 나눠볼까요? "분류가 뭘까요?" 이 질문에 학생들은 무엇이라고 대답할까요? 분명 2학년 학습 수준에 걸맞은 이런저런 이야기들이 나올 겁니다. 학생들이 자신의 의견을 이야기하는 것을 주저한다면 수업 분위기를 점검해야 합니다. 학생들이 위축되어 있는 것은 아닌지, 수업이 너무 가르치는 선생님 중심은 아닌지 생각해보고, 허용적인 수업 분위기를 조성하기 위한 방안을 마련해야 합니다.

"분류가 뭘까요?"라는 질문에 학생들이 자주 하는 대답이 몇 가지 있습니다. "나누는 거요." "가르는 거요." "분류하는 거요." 학생들의 대답을 다 들었으면, 이제 선생님이 설명할 차례입니다. 가장 효과적인 방법은 생활 속 장면을 예로 들어 설명하는 것입니다.
"여러분 방을 떠올려보세요. 옷이며 학용품이며 장난감이 아무렇게나 놓여 있지요? 엄마가 청소하라고 하면 어떻게 하나요? 아마 학

용품, 장난감, 옷을 각각 구분해 정리할 거예요. 그렇죠? 그게 바로 '분류'입니다. 또 생활에서 분류하는 일은 언제 할까요? 여러분도 한 번쯤은 해보았을 재활용쓰레기 분류입니다. 종이류, 플라스틱류, 캔류 등등으로 나누었지요? 또 뭐가 있을까요?

돼지 저금통을 뜯어 동전을 정리할 때도 10원, 100원, 500원짜리 동전으로 분류하여 개수를 세면 전체가 얼마인지 금방 알 수 있습니다."

분류의 기준에 대해서도 설명해주세요. 기준은 분류할 때 반드시 필요합니다. 그러면 기준이란 무엇일까요? "왜 그렇게 나누었나요? 어떻게 나누었나요?" 질문했을 때 '왜'와 '어떻게'에 해당하는 것입니다.

본격적인 수업에 들어가기 전 이런 내용을 학생들에게 들려준다면 분류하기 수업이 쉽게 진행될 수 있다는 점을 기억하세요.

생활 속에서 분류 알아보기

○ 학습 목표

생활 속에서 분류 알아보기

○ 핵심 내용 – 13분

– 분류의 개념

종류에 따라 가릅니다. 혹은 기준에 따라 나눕니다.

– 생활 속에서 분류 찾아보기

집에서 학용품, 장난감, 옷을 보관하는 각각의 공간을 찾아봅니다.

분류하기는 생활 속에서 많이 발견할 수 있습니다. 재활용쓰레기, 신

발, 숟가락과 젓가락, 그릇 등은 평소에도 분류해서 보관합니다.

– 분류의 필요성

분류가 잘 되어 있으면 물건을 쉽게 찾을 수 있고 정리가 쉬우며 공간

을 효율적으로 활용할 수 있습니다. 특히 재활용쓰레기 분류는 자원을

재활용하여 환경을 보호할 수 있어서 반드시 필요한 분류입니다.

– 분류를 쉽게 하려면?

기준이 있으면 보다 쉽게 분류할 수 있습니다. 동전을 가지고 설명하면 매우 효과적입니다.

○ 수학 역할극으로 궁금증 찾기 – 7분

두 사람의 대화에서 현지의 궁금증을 찾아주세요.

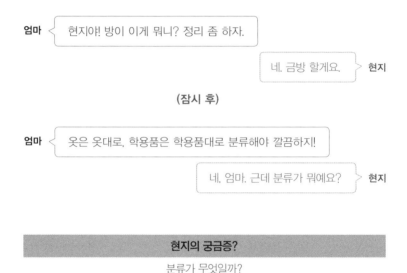

엄마 현지야! 방이 이게 뭐니? 정리 좀 하자.

네. 금방 할게요. **현지**

(잠시 후)

엄마 옷은 옷대로, 학용품은 학용품대로 분류해야 깔끔하지!

네. 엄마. 근데 분류가 뭐예요? **현지**

현지의 궁금증?
분류가 무엇일까?
궁금증 해결!
분류란 기준을 정해 같은 것끼리 나누는 것을 말합니다.

○ 점프 과제 해결하기 – 15분

생활 속에서 찾을 수 있는 분류와 그 기준을 설명하세요.

○ 하브루타로 배운 내용 정리하기 – 3분

짝과 함께 분류와 기준의 개념, 생활 속에서 분류 찾아보기(동전, 재활용쓰레기 등), 수학 역할극 내용, 점프 과제 내용, 수업 활동 중 어려웠던 점, 재미있었던 일, 아쉬운 일, 느낀 점 등을 이야기하며 배운 내용을 정리합니다.

○ 중요 단어 및 한 문장 정리 – 2분

– 중요 단어 : 분류, 기준, 나누기
– 한 문장 정리 : 생활 속에서 찾을 수 있는 분류와 그 기준을 배웠다.

○ 과정중심평가 성취기준

1. 분류와 기준의 개념을 이해할 수 있는가?
2. 짝과 협동하여 점프 과제를 해결하고, 해결 과정을 설명할 수 있는가?
3. 수학 역할극 및 하브루타 활동에 적극적으로 참여하는가?

기준에 따라
분류해볼까요?

○ **학습 목표**

　기준에 따라 분류하기

○ **핵심 내용 – 10분**

　– 기준의 개념 설명하기

　　같은 종류, 같은 모양, 같은 물건 등으로 나누는 것입니다.

　– 기준 정하기

　　색깔, 모양, 크기 등

　– 기준에 따라 분류하기

　　기준을 정하여 직접 분류하기(색종이, 학용품, 악기 등)

○ **수학 역할극으로 궁금증 찾기 – 7분**

　두 사람의 대화에서 윤주의 궁금증을 찾아주세요.

윤주 〈 우와, 장미 예쁘다.

예쁘지? 〉 엄마

윤주 〈 네. 장미가 여러 종류네요.

윤주야, 꽃병 좀 가져올래? 〉 엄마

윤주 〈 엄마, 어떤 기준으로 장미를 분류해 꽂을 거예요?

윤주의 궁금증?

궁금증 해결!

○ 점프 과제 해결하기 – 15분

사진의 장미꽃을 기준에 따라 분류하세요. 반드시 하나의 기준을 정해 분류해야 합니다.

✎ **준비물 : 여러 종류가 섞인 장미꽃 사진**

○ 하브루타로 배운 내용 정리하기 – 3분

짝과 함께 기준, 분류, 수학 역할극 내용, 점프 과제 내용, 수업 활동 중 어려웠던 점, 재미있었던 일, 아쉬운 일, 느낀 점 등을 이야기하며 배운 내용을 정리합니다.

○ 중요 단어 및 한 문장 정리 – 2분

– 중요 단어 : 분류, 기준, 종류, 모양, 색깔

– 한 문장 정리 : 모양, 색깔 등의 기준에 따라 물건을 분류했다.

○ 생활에서 찾아보기 – 3분

필통 속의 필기구 그림을 보고 기준에 따라 분류하기를 익혀보자.

어떤 기준으로 분류할지 정한 후 분류합니다.

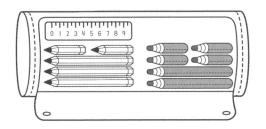

○ 과정중심평가 성취기준

1. 기준에 따라 분류하기를 이해할 수 있는가?

2. 짝과 협동하여 점프 과제를 해결하고, 해결 과정을 설명할 수 있는가?

3. 수학 역할극 및 하브루타 활동에 적극적으로 참여하는가?

분류하여
세어볼까요?

○ 학습 목표

분류하여 세어보기

○ 핵심 내용 – 10분

– 기준을 정하여 분류하고 세어보기

기준을 정하여 분류하고 그 수를 세봅니다. 센 수를 그림이나 막대로 나타낸 것이 그래프인데, 이는 3~4학년에 배웁니다.

– 수를 세어 표시하기

바를 정(正) 자나 가지 긋기(卌)로 5개씩 표시합니다. 동전이나 과일을 칠판에 그리거나 사진을 보여주면서 설명하면 효과적입니다.

– 분류하여 세면 좋은 점

정확한 수를 알 수 있어서 분류한 물건의 개수를 비교할 수 있습니다. 학생들이 좋아하는 과일을 조사하고 이를 분류하면 가장 많은 학생들이 좋아하는 과일을 알 수 있습니다.

○ 수학 역할극으로 궁금증 찾기 – 7분

두 사람의 대화에서 시온의 궁금증을 찾아주세요.

엄마
시온아! 엄마가 맛있는 거 보여줄게.
(여러 종류의 과일이 뒤섞인 사진을 보여주며) 짠!

맛있는 과일이 엄청 많아요. **시온**

엄마
이 사진에 엄마가 좋아하는 수박은 몇 개일까?

잠깐만요! 하나, 둘, 셋…. 4개요. **시온**

엄마
땡! 5개지.

과일의 개수를 정확하게 알려면 어떻게 해야 할까? **시온**

시온의 궁금증?

궁금증 해결!

○ 점프 과제 해결하기 – 15분

1. 다양한 과일이 있는 사진을 보고, 분류하여 세면서 표시하세요.

2. 분류하여 세면 좋은 점을 말하세요.

✎ **준비물 : 다양한 과일 사진**

○ 하브루타로 배운 내용 정리하기 – 3분

짝과 함께 배운 내용을 찾아 정리합니다. 분류하여 세어보기, 수를 세어 표시하기, 분류하여 세면 좋은 점은 물론이고 수학 역할극 내용, 점프 과제 내용, 수업 활동 중 어려웠던 점, 재미있었던 일, 아쉬운 일, 느낀 점 등도 이야기합니다.

○ 중요 단어 및 한 문장 정리 – 2분

- 중요 단어 : 분류, 수 세기, 표시하기, 분류하여 세면 좋은 점
- 한 문장 정리 : 분류하고 수를 세어 표시하는 것의 좋은 점을 알았다.

○ 생활에서 찾아보기 – 3분

다양한 동물 카드를 기준을 정해 분류하여 세어보자.

분류의 기준을 어떻게 정하면 좋을까요? 다리 수, 날개 유무 등 기준은 여러 가지가 될 수 있습니다. 기준에 따라 분류한 후 정확한 수를 세봅니다.

✎ 준비물 : 동물 카드

○ 과정중심평가 성취기준

1. 분류하여 세어보기를 이해할 수 있는가?
2. 짝과 협동하여 점프 과제를 해결하고, 해결 과정을 설명할 수 있는가?
3. 수학 역할극 및 하브루타 활동에 적극적으로 참여하는가?

분류한 결과를
말해볼까요?

○ **학습 목표**

분류한 결과 말하기

○ **핵심 내용 – 10분**

– 분류 기준 찾기

주어진 물건을 어떻게 분류할지 기준을 찾습니다.

– 분류하여 세어보기

물건을 분류하여 수를 세봅니다.

– 분류한 결과 나타내기

분류한 물건의 수를 세어 결과를 나타냅니다. 결과는 수로, 기호로 혹은 막대기 모양으로 한눈에 알아보도록 나타낼 수 있습니다.

○ **수학 역할극으로 궁금증 찾기 – 7분**

두 사람의 대화에서 요셉의 궁금증을 찾아주세요.

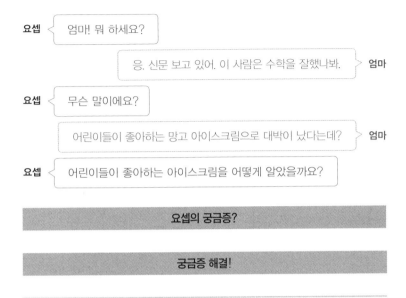

요셉 〈 엄마! 뭐 하세요?

응. 신문 보고 있어. 이 사람은 수학을 잘했나봐. 〉 엄마

요셉 〈 무슨 말이에요?

어린이들이 좋아하는 망고 아이스크림으로 대박이 났다는데? 〉 엄마

요셉 〈 어린이들이 좋아하는 아이스크림을 어떻게 알았을까요?

요셉의 궁금증?

궁금증 해결!

○ 점프 과제 해결하기 – 15분

우리 반 학생들이 좋아하는 과일을 조사해보고, 가장 좋아하는 과일이 무엇인지 알아보세요.

꿀팁 다음과 같은 추가 질문으로 수학의 필요성을 일깨울 수 있습니다.

1. 얘들아! 우리 반에서는 어떤 과일 장사를 하면 잘될까?

2. 과일 장사를 잘하기 위해서는 어떤 공부를 잘해야 할까?

○ 하브루타로 배운 내용 정리하기 – 3분

짝과 함께 분류 기준, 분류한 물건의 개수, 수학 역할극 내용, 점프 과제 내용, 수업 활동 중 어려웠던 점, 재미있었던 일, 아쉬운 일, 느낀 점 등을 이야기하며 배운 내용을 정리합니다.

○ 중요 단어 및 한 문장 정리 – 2분

– 중요 단어 : 분류 기준, 분류 결과, 수 세기

– 한 문장 정리 : 기준을 정해 분류한 후 그 수를 세어보고 결과 값을 나타냈다.

○ 생활에서 찾아보기 – 3분

우리 반 학생들이 좋아하는 색깔을 조사하고 분류한 결과를 나타내보자.

이 과제는 질문으로 해결할 수 있습니다.

1. 파란색을 좋아하는 학생은 손들어보세요? 몇 명일까요?

2. 노란색을 좋아하는 학생은? 몇 명일까요?

3. 빨간색을 좋아하는 학생은? 몇 명일까요?

4. 우리 반 학생들이 가장 많이 좋아하는 색깔은 무엇일까요?

○ 과정중심평가 성취기준

1. 물건을 분류한 결과 나타내기를 이해할 수 있는가?

2. 짝과 협동하여 점프 과제를 해결하고, 해결 과정을 설명할 수 있는가?

3. 수학 역할극 및 하브루타 활동에 적극적으로 참여하는가?

분류 기준을 만들어볼까요?

O **학습 목표**

분류하여 만들어보기

O **핵심 내용 – 10분**

– 분류하기

기준을 정하여 가릅니다. 기준을 정하여 나눕니다.

– 기준

기준이란 "왜 그렇게 나누었나요? 어떻게 나누었나요?" 질문했을 때
'왜' 와 '어떻게'에 해당하는 것입니다. 기준의 예로는 크기, 색깔, 모양
등이 있습니다.

> **꿀팁** 과학 교과 '식물 분류하기'와 연관하여 지도할 수 있습니다.

O **수학 역할극으로 궁금증 찾기 – 7분**

두 사람의 대화에서 석현의 궁금증을 찾아주세요.

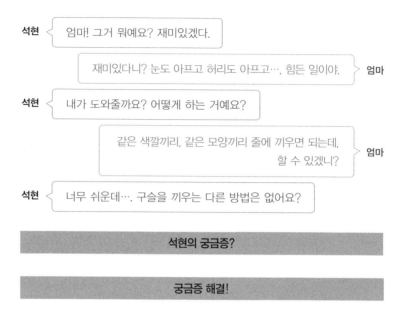

석현 엄마! 그거 뭐예요? 재미있겠다.

재미있다니? 눈도 아프고 허리도 아프고…. 힘든 일이야. **엄마**

석현 내가 도와줄까요? 어떻게 하는 거예요?

같은 색깔끼리, 같은 모양끼리 줄에 끼우면 되는데,
할 수 있겠니? **엄마**

석현 너무 쉬운데…. 구슬을 끼우는 다른 방법은 없어요?

석현의 궁금증?

궁금증 해결!

○ 점프 과제 해결하기 – 15분

분류한 구슬을 가지고 팔찌를 만든 후 어떤 방법으로 만들었는지 설명하세요.

✏️ **준비물 : 구슬, 실, 가위, 종이컵 등(학기 초 학습준비물로 구입)**

꿀팁 준비물이 없을 때는 공깃돌과 분류된 연결큐브 등으로 원을 만든 후 어떤 기준으로 만들었는지 설명하는 것으로 대체할 수 있습니다.

○ 하브루타로 배운 내용 정리하기 – 3분

짝과 함께 분류하기, 기준, 구슬로 팔찌 만들기, 수학 역할극 내용, 점프 과제 내용, 수업 활동 중 어려웠던 점, 재미있었던 일, 아쉬운 일, 느낀 점 등을 이야기하며 배운 내용을 정리합니다.

O 중요 단어 및 한 문장 정리 – 2분

 – 중요 단어 : 분류, 기준, 팔찌 만들기, 구슬

 – 한 문장 정리 : 구슬을 기준을 정해 분류하여 팔찌를 만들었다.

O 생활에서 찾아보기 – 3분

주변에서 볼 수 있는 다양한 나뭇잎을 활용하여 분류하기를 익혀보자.

✏️ 준비물 : 다양한 나뭇잎

O 과정중심평가 성취기준

1. 분류의 개념과 팔찌 만드는 방법을 이해할 수 있는가?

2. 짝과 협동하여 점프 과제를 해결하고, 해결 과정을 설명할 수 있는가?

3. 수학 역할극 및 하브루타 활동에 적극적으로 참여하는가?

6단원 곱셈

· 워밍업 활동

수업에 들어가기 전 이것만큼은 꼭!!!
곱셈이란 무엇일까요? 우리 학생들은 어떻게 생각할까요?
먼저 곱셈이 무엇인지 학생들과 함께 개념을 찾아보는 활동을 하면
좋습니다. 또한 곱셈을 왜 공부해야 하는지 이야기하며 수학 공부
의 필요성을 다시 한 번 확인하면 어떨까요?

곱셈이란 둘 이상의 수를 곱하여 셈하는 것으로, 특히 곱셈구구는
규칙적으로 처음의 수만큼 늘어나는 특징이 있습니다. 예를 들어 2
단은 2씩 커지는 것이 규칙입니다. $2 \times 1 = 2$, $2 \times 2 = 4$, $2 \times 3 = 6$처럼
말입니다. 곱셈구구는 2단은 2씩, 6단은 6씩, 9단은 9씩 일정하게
커지는 규칙이 있습니다. 그리고 곱셈은 덧셈으로 표현할 수 있습
니다. $2 \times 2 = 2 + 2$, $2 \times 3 = 2 + 2 + 2$, $2 \times 4 = 2 + 2 + 2 + 2$처럼요.
곱셈과 덧셈은 공통점과 차이점이 있습니다. 처음의 수보다 커진다
는 공통점이 있지만, 같은 수를 더하고 곱할 때 덧셈은 결과 값의
크기가 작지만 곱셈은 그 크기가 큽니다. $5 + 2$는 7이 되어 처음의

수보다 2만큼 커지지만, 5×2는10이 되어 처음의 수보다 5만큼 커집니다. 그리고 곱셈은 표기 방법이 간단하고 편리합니다. 긴 덧셈식 2+2+2+2+2를 곱셈식으로는 2×5와 같이 간단하게 표현할 수 있습니다.

그럼, 곱셈 공부는 왜 할까요? 그 이유는 생활 속에서 계산을 보다 쉽게 할 수 있기 때문입니다. 즉 물건의 개수나 계단의 개수를 빨리 세거나 물건 값을 빨리 계산할 수 있게 해줍니다. 물론 전자계산기가 있긴 하지만 언제나 가지고 다닐 수는 없으니까요. 그리고 전자계산기로 계산하는 것은 사고력 향상에 방해가 됩니다. 수학 원리를 배우며 사고력을 향상시키기 위해서라도 스스로 하는 곱셈은 필요합니다.

이번 단원에서는 생활 속에서 유용한 곱셈의 개념, 원리 및 문제해결 등 다양한 곱셈 공부를 지도하게 됩니다. 또한 덧셈이 있는데 왜 곱셈이 필요할까를 생각해보면서 곱셈의 필요성을 다시 한 번 확인합니다. 나아가 곱셈구구의 개념과 지도원리 및 필요성도 함께 살펴봅니다. 가장 빠른 교육은 기다림이고, 가장 좋은 교육은 필요함을 느끼도록 하는 것입니다.

생활 속에서
곱셈의 개념 익히기

○ 학습 목표

생활에서 곱셈 알아보기

○ 핵심 내용 – 13분

– 곱셈의 개념

곱셈은 '늘어난다. 커진다. 증가한다'라고 표현할 수 있습니다. 그러면 어떻게 늘어나고, 어떻게 커질까요? 배로 늘어나고 배로 커집니다.

– 곱셈과 덧셈의 공통점과 차이점

공통점 : 처음의 수보다 커집니다.

차이점 : 같은 수를 더하고 곱할 때, 덧셈은 결과 값의 크기가 작지만 곱셈은 그 크기가 큽니다. 예를 들어 10+2=12이지만 10×2=20이 되고, 10+3=13이지만 10×3=30이 되는 식입니다.

– 곱셈을 잘하는 방법

곱셈을 잘하려면 덧셈을 잘해야 합니다. 동수누가(같은 수가 더해진다)의 개념을 도입합니다.

－ 곱셈을 빨리 하는 방법

곱셈은 전자계산기가 제일 빠릅니다. 그 다음 빠른 방법은 무엇일까요? 이 질문을 통해 곱셈구구의 필요성을 느끼도록 해줍니다.

○ 수학 역할극으로 궁금증 찾기 – 7분

두 사람의 대화에서 서희의 궁금증을 찾아주세요.

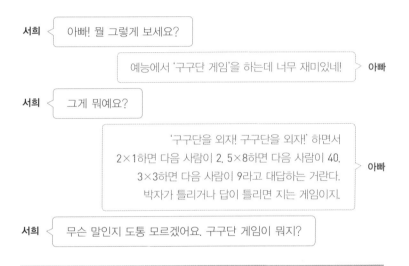

서희: 아빠! 뭘 그렇게 보세요?

아빠: 예능에서 '구구단 게임'을 하는데 너무 재미있네!

서희: 그게 뭐예요?

아빠: '구구단을 외자! 구구단을 외자!' 하면서 2×1하면 다음 사람이 2, 5×8하면 다음 사람이 40, 3×3하면 다음 사람이 9라고 대답하는 거란다. 박자가 틀리거나 답이 틀리면 지는 게임이지.

서희: 무슨 말인지 도통 모르겠어요. 구구단 게임이 뭐지?

서희의 궁금증?

구구단 게임이 무엇일까?

궁금증 해결!

구구단 게임은 짝과 번갈아가며 구구단을 알아맞히는 게임입니다. 예를 들어 짝이 3×6 하면 난 18이라고 대답을 해야 하고, 그렇게 통과되면 이번엔 내가 9×5라고 문제를 냅니다. 이때, 짝이 시간 내에 대답하지 못하거나 답이 틀리면 내가 이깁니다.

○ 점프 과제 해결하기 – 17분

짝과 함께 구구단 게임을 하세요.(단, 2단의 구구단 게임입니다.)

꿀팁 점프 과제를 모두 마치면, 선생님과 학생들 간 구구단 게임으로 즐거운 시간을 갖는 것도 좋습니다. 선생님은 혼자, 학생들은 정한 순서대로 게임에 참여하여 모든 학생이 선생님과 겨룰 수 있도록 합니다. 곱셈 공부에 재미와 의미를 느끼는 수업시간을 만들 수 있을 것입니다.

○ 하브루타로 배운 내용 정리하기 – 3분

짝과 함께 곱셈, 구구단 게임, 수학 역할극 내용, 점프 과제 내용, 수업 활동 중 어려웠던 점, 재미있었던 일, 아쉬운 일, 느낀 점 등을 이야기하며 배운 내용을 정리합니다.

○ 중요 단어 및 한 문장 정리 – 3분

- 중요 단어 : 곱셈, 필요성, 구구단 게임
- 한 문장 정리 : 곱셈의 개념과 필요성을 알고 구구단 게임을 했다.

○ 과정중심평가 성취기준

1. 곱셈을 이해할 수 있는가?
2. 짝과 협동하여 점프 과제를 해결할 수 있는가?
3. 수학 역할극 및 하브루타 활동에 적극적으로 참여하는가?

여러 가지 방법으로
세어볼까요?

○ **학습 목표**

여러 가지 방법으로 세기

○ **핵심 내용 – 10분**

– 여러 가지 방법

"여러분, 서울 혹은 부산에 갈 수 있는 방법을 말해볼까요?" 질문은 하나지만 문제를 해결하는 방법은 여러 가지입니다.

– 세기

물건이나 물체가 몇 개인지 정확히 압니다.

– 실생활에서 알아보기

계단의 개수를 여러 가지 방법으로 세어봅니다. 덧셈이나 곱셈을 활용할 수 있습니다.

○ **수학 역할극으로 궁금증 찾기 – 7분**

두 사람의 대화에서 태성의 궁금증을 찾아주세요.

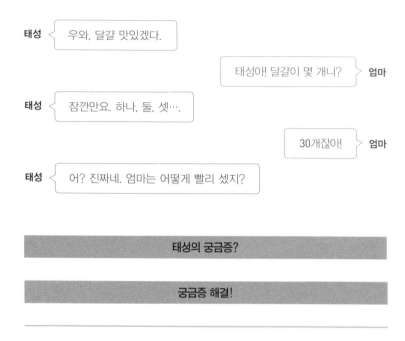

| 태성 | 우와, 달걀 맛있겠다. |

| 태성아! 달걀이 몇 개니? | 엄마 |

| 태성 | 잠깐만요. 하나, 둘, 셋…. |

| 30개잖아! | 엄마 |

| 태성 | 어? 진짜네. 엄마는 어떻게 빨리 셌지? |

태성의 궁금증?

궁금증 해결!

○ 점프 과제 해결하기 – 15분

우리 반 학생 수를 2가지 방법으로 세어보세요.

꿀팁 학생들이 점프 과제를 마친 후 "우리 반 학생 수를 셀 때, 가장 쉽고 빠른 방법은 무엇이었나요?"라는 질문으로 곱셈을 유도합니다.

○ 하브루타로 배운 내용 정리하기 – 3분

짝과 함께 여러 가지 방법으로 세기, 수학 역할극 내용, 점프 과제 내용 등을 정리한 후 수업 활동 중 어려웠던 점, 재미있었던 일, 아쉬운 일, 느낀 점 등을 이야기합니다.

○ 중요 단어 및 한 문장 정리 - 2분

　- 중요 단어 : 여러 가지 방법, 세기, 곱셈, 편리함, 쉬움

　- 한 문장 정리 : 물건이나 사람을 편리하고 쉬운 방법으로 세어보았다.

○ 생활에서 찾아보기 - 3분

달걀 한 판을 세기 위해 곱셈을 도입해보자.

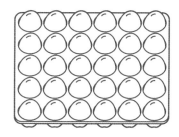

○ 과정중심평가 성취기준

　1. 여러 가지 방법으로 세기를 이해할 수 있는가?

　2. 짝과 협동하여 점프 과제를 해결하고, 해결 과정을 설명할 수 있는가?

　3. 수학 역할극 및 하브루타 활동에 적극적으로 참여하는가?

묶어 세기

○ 학습 목표

묶어 세기

○ 핵심 내용 – 10분

- 묶음

같은 물건 또는 다른 물건들이 종이나 실 또는 끈으로 묶여 있는 것입니다. 또는 한 종이에 같은 모양의 조각이 여러 개 있는 것입니다.

- 묶어 세기

물건을 2개, 3개, 4개, 5개씩 묶어 세는 것입니다.

○ 수학 역할극으로 궁금증 찾기 – 7분

두 사람의 대화에서 희철의 궁금증을 찾아주세요.

엄마 희철아! 뭐 하니?

오늘 학교에서 산 우표 보고 있어요. **희철**

엄마 〈 멋지구나. 꽤 많이 샀네?

그런데 우표는 왜 이렇게 여러 장이 하나로 묶여 있나요? 〉 **희철**

엄마 〈 선생님께 물어보렴.

희철의 궁금증?

궁금증 해결!

○ 점프 과제 해결하기 – 15분

딸기 그림을 보고 3가지 방법으로 묶어 세어보세요.

○ 하브루타로 배운 내용 정리하기 – 3분

짝과 함께 배운 내용을 찾아 정리하는 시간입니다. 묶음, 묶어 세기, 생활 속에서 묶어 세기, 수학 역할극 내용, 점프 과제 내용, 수업 활동 중 어려웠던 점, 재미있었던 일, 아쉬운 일, 느낀 점 등을 함께 이야기합니다.

○ 중요 단어 및 한 문장 정리 – 2분

– 중요 단어 : 묶음, 묶어 세기, 여러 가지 방법

– 한 문장 정리 : 여러 가지 방법으로 묶어 세어보았다.

○ 생활에서 찾아보기 – 3분

마트에 진열된 바나나 사진을 보며 묶어 세기를 익혀보자.

"바나나가 몇 개씩 묶여 있을까요?" 질문한 후 학생들의 답변을 듣습니다. 그리고 다시 질문합니다. "그럼, 바나나 2묶음은 모두 몇 개일까요?" 학생들이 대답을 하면 "묶여 있는 바나나의 개수가 정말 모두 같을까요?" 하고 묻습니다. 같다, 다르다 의견이 분분해지면 이렇게 얘기해주세요. "오늘 숙제는 마트에 가서 묶여 있는 바나나의 개수 세어보기입니다."

✎ **준비물 : 마트에 진열된 바나나 사진**

○ 과정중심평가 성취기준

1. 묶어 세기를 이해할 수 있는가?

2. 짝과 협동하여 점프 과제를 해결하고, 해결 과정을 설명할 수 있는가?

3. 수학 역할극 및 하브루타 활동에 적극적으로 참여하는가?

2의 몇 배일까요?

○ **학습 목표**

2의 몇 배 알아보기

○ **핵심 내용 - 10분**

– 배의 뜻

'배'는 곱하기, ○번 더하기를 뜻합니다. 2×1은 2와 1을 곱하기, 2를 1번 더하기를 의미하고, 2×3은 2와 3을 곱하기, 2를 3번 더하기를 뜻합니다.

– 배의 값

같은 크기만큼 커지는 값입니다. 즉 2×1=2, 2×2=4, 2×3=6, 2×4=8처럼 2만큼 커지는 값을 말합니다.

– 수 모형으로 알아보기

수 모형으로 2의 몇 배를 알아봅니다. 수 모형 2개의 3배는 수 모형 6개와 같다, 수 모형 2개의 5배는 수 모형 10개와 같다 등을 직접 알아봅니다.

✎ **준비물 : 수 모형(낱개를 끼울 수 있는 수 모형)**

○ 수학 역할극으로 궁금증 찾기 – 7분

두 사람의 대화에서 해서의 궁금증을 찾아주세요.

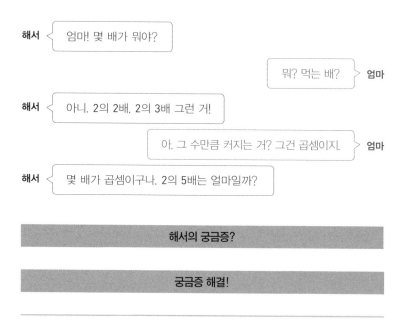

해서의 궁금증?

궁금증 해결!

○ 점프 과제 해결하기 – 15분

한 친구가 수 모형을 가지고 말하지 않고 2의 몇 배를 설명하면 다른 친구가 답을 맞힙니다.

꿀팁 '2의 3배'를 설명한다면 수 모형 2개를 먼저 보이고, 손가락으로 3을 표현합니다. 그러면 다른 친구는 2×3의 값인 6을 말로 혹은 수 모형으로 대답합니다. 점프 과제를 마친 후에는 선생님과 학생들 간에 다시 한 번 게임을 합니다. 학생들이 승리한다면 수업이 더욱 즐거워지겠죠?

○ 하브루타로 배운 내용 정리하기 - 3분

짝과 함께 2의 몇 배, 말하지 않고 표현하기, 수학 역할극 내용, 점프 과제 내용, 수업 활동 중 어려웠던 점, 재미있었던 일, 아쉬운 일, 느낀 점 등을 이 야기하며 배운 내용을 정리합니다.

○ 중요 단어 및 한 문장 정리 - 2분

- 중요 단어 : 2의 몇 배, 곱셈, 말하지 않고 표현하기
- 한 문장 정리 : 곱셈과 같은 뜻인 2의 몇 배를 배웠다.

○ 생활에서 찾아보기 - 3분

물놀이할 때 꼭 필요한 물안경으로 2의 몇 배를 익혀보자.

물안경의 안경알은 몇 개일까요? 다섯 사람이 물안경을 쓰고 있다면 안경 알은 몇 개일까요? 이러한 질문을 통해 2의 몇 배를 익힙니다.

○ 과정중심평가 성취기준

1. 2의 몇 배를 이해할 수 있는가?
2. 짝과 협동하여 점프 과제를 해결하고, 해결 과정을 설명할 수 있는가?
3. 수학 역할극 및 하브루타 활동에 적극적으로 참여하는가?

곱셈식
알아보기

○ 학습 목표

곱셈식 알아보기

○ 핵심 내용 – 10분

– 곱셈식

곱셈을 식으로 나타냅니다. 3의 5배의 곱셈식은 '3×5'이고, 읽을 때에는 3 곱하기 5라고 읽습니다.

– 곱셈식을 덧셈식으로 나타내기

곱셈식 3×5를 덧셈식으로 나타내면 3+3+3+3+3입니다. 이 덧셈식은 동수누가로 곱셈식으로 간단히 바꿀 수 있습니다.

– 곱셈식 읽기

3×5=15는 '3 곱하기 5는 15이다' 혹은 '3과 5의 곱은 15이다'와 같이 읽습니다.

– 곱셈식 구하기

곱셈식 3×5=15를 설명할 때는 실물자료가 가장 효과적입니다. 학생들은 바둑알을 준비한 후 선생님의 설명에 따라 곱셈식을 표현해봅니다.

학생들이 쉽게 이해하지 못한다면 칠판에 그림을 그려 알려주세요.

1. 바둑알 3개를 모아보세요.

2. 3개씩 모은 바둑알을 5번 만드세요.

3. 바둑알을 모두 세어보세요. 몇 개일까요?

4. 이것을 곱셈식으로 나타내보세요.

학생들이 곱셈식을 다 만들고 나면 칠판에 곱셈식과 함께 덧셈식까지

판서한 후 설명해줍니다.

✎ **준비물 : 바둑알**

○ 수학 역할극으로 궁금증 찾기 – 7분

두 사람의 대화에서 윤주의 궁금증을 찾아주세요.

윤주 : 엄마! 곱셈이 너무 어려워요.

엄마 : 힘내렴. 조금만 더 공부하면 잘할 수 있을 거야.

윤주 : 하지만 진짜 너무 힘든걸!

그럼, 동수누가로 공부해보는 것은 어떨까? > **엄마**

윤주 < 동수누가? 그게 뭔데요?

윤주의 궁금증?

궁금증 해결!

○ 점프 과제 해결하기 – 15분

1. 아래의 식은 동수누가입니다. 잘 살펴보고 동수누가의 뜻을 알아맞혀 보세요.

$3×6=3+3+3+3+3+3$, $4×5=4+4+4+4+4$

2. 곱셈식 $5×4$와 $3×5$를 동수누가로 만들어보세요.

○ 하브루타로 배운 내용 정리하기 – 3분

짝과 함께 곱셈식, 동수누가, 곱셈식 만들고 읽기는 물론 수학 역할극 내용, 점프 과제 내용, 수업 활동 중 어려웠던 점, 재미있었던 일, 아쉬운 일, 느낀 점 등을 이야기하며 배운 내용을 정리합니다.

○ 중요 단어 및 한 문장 정리 – 2분

– 중요 단어 : 곱셈식, 곱셈식 만들고 읽기, 동수누가, 덧셈식

– 한 문장 정리 : 곱셈식을 만들고 읽으며 덧셈식으로도 표현했다.

○ 생활에서 찾아보기 – 3분

강아지를 산책시키는 상황을 스토리텔링으로 들려주며 곱셈식을 익혀보자.

"똘배는 강아지를 데리고 공원에 산책을 나왔어요. 옆에 보니 떡배도 강아지를 데리고 산책을 나왔군요. 조금 있으니 빵배도 강아지를 데리고 산책을 나왔어요. 산책 나온 강아지 다리 수를 곱셈식으로 나타내볼까요?" 강아지의 다리 수와 산책 나온 강아지 수를 알면 쉽게 곱셈식을 만들 수 있습니다.

○ 과정중심평가 성취기준

1. 곱셈식을 이해할 수 있는가?
2. 짝과 협동하여 점프 과제를 해결하고, 해결 과정을 설명할 수 있는가?
3. 수학 역할극 및 하브루타 활동에 적극적으로 참여하는가?

곱셈식으로
나타내볼까요?

○ **학습 목표**

곱셈식으로 나타내기

○ **핵심 내용 – 10분**

– 곱셈

곱셈은 'ㅇ의 몇 배'로, 같은 수가 일정하게 증가합니다. 3의 4배와 3×4 는 모두 12입니다.

– 덧셈식

곱셈식은 덧셈식으로도 나타낼 수 있습니다. 3×4는 $3+3+3+3$과 같습 니다.

– 곱셈식

곱셈식은 덧셈식을 쉽고 간단하게 표현한 것입니다. $3+3+3+3$을 3×4 으로 간단하게 나타냅니다.

– 곱셈식으로 나타내기

바람개비 그림을 보고 곱셈식으로 나타냅니다.

4×3, 3×4, 2×6, 6×2 등 다양한 곱셈식으로 나타낼 수 있습니다.

○ 수학 역할극으로 궁금증 찾기 – 7분

두 사람의 대화에서 경선의 궁금증을 찾아주세요.

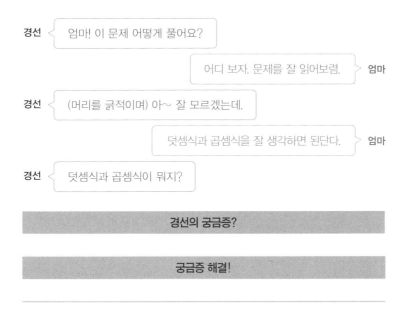

경선 엄마! 이 문제 어떻게 풀어요?

엄마 어디 보자. 문제를 잘 읽어보렴.

경선 (머리를 긁적이며) 아~ 잘 모르겠는데.

엄마 덧셈식과 곱셈식을 잘 생각하면 된단다.

경선 덧셈식과 곱셈식이 뭐지?

경선의 궁금증?

궁금증 해결!

○ 점프 과제 해결하기 – 15분

30개 달걀 한 판의 개수를 3가지 곱셈식으로 나타내보세요.

○ 하브루타로 배운 내용 정리하기 – 3분

짝과 함께 배운 내용을 정리하는 시간입니다. 덧셈식과 곱셈식, 수학 역할극 내용, 점프 과제 내용, 수업 활동 중 어려웠던 점, 재미있었던 일, 아쉬운 일, 느낀 점 등을 이야기합니다.

○ 중요 단어 및 한 문장 정리 – 2분

- 중요 단어 : ○의 몇 배, 곱셈식, 덧셈식, 다양한 곱셈식
- 한 문장 정리 : 물건의 수를 덧셈식, 곱셈식으로 나타냈다.

○ 생활에서 찾아보기 – 3분

실내화와 달걀 그림을 보고 다양한 곱셈식을 익혀보자.

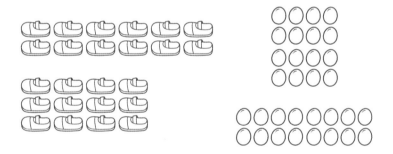

○ 과정중심평가 성취기준

1. 덧셈식과 곱셈식을 이해할 수 있는가?
2. 짝과 협동하여 점프 과제를 해결하고, 해결 과정을 설명할 수 있는가?
3. 수학 역할극 및 하브루타 활동에 적극적으로 참여하는가?

생활 속 수학을 소재로 수학일기 쓰기

수학일기란 무엇일까요?

단순히 수업시간에 배운 수학 내용을 적는 일기일까요? 아니면 생활 속에서 수학을 발견하여 적는 일기일까요? 꼭 선택하자면 후자입니다. 수학일기는 일반적인 생활일기와는 다릅니다. 수학시간에 배운 내용뿐만 아니라 그 내용을 생활 속에서 찾아 적을 수 있어야 합니다. 배운 내용을 기억하기도 어려운데, 생활 속에서 찾아 일기로 쓴다?

처음에는 선생님도, 학생들도 어렵습니다. 그래서 수학일기의 필요성을 함께 충분히 이야기해야 합니다. 수학일기가 억지로 하는 숙제가 되어서는 안 됩니다. 학생들이 궁금증을 가지고 생활 속에서 수학을 발견하며 '어떤 수학이 어디에 왜 쓰였을까?'를 생각할 수 있다면 수학일기는 정말 의미 있는 활동이 됩니다.

잠깐 2학년 학생들의 수학일기를 살펴볼까요? 이외에도 똘배쌤이 운영하는 다음 카페(cafe.daum.net/201153/qS4T)에 초등학교 전 학년의 수학일기가 있으니 참고하기 바랍니다.

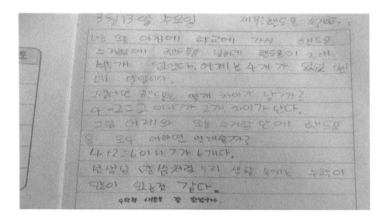

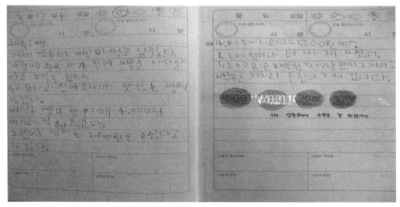

수학일기는 어떻게 지도해야 할까요?

학생들에게 수학일기를 쓰라고 하면 처음에는 낯설고 어려워합니다. 당연한 일이지요. 이때 선생님의 역할이 중요합니다. 일단 다른 친구들이 쓴 수학일기를 보여주며 방법을 간단히 설명해주세요. 흥미로운 수학일기를 공유하여 동기를 부여해주는 것도 좋습니다.

학생들이 수학일기를 쓰기 시작한 후에도 선생님이 해야 할 일이 있습니다. 첫째, 댓글로 칭찬해주고 용기를 북돋아주세요. 이때 칭찬은 무조건적인 칭찬보다는 잘한 점을 찾아서 구체적으로 적어주는 것이 효과적입니다. 예를 들자면 "~에서 수학을 찾았구나. 대단하다." "~은 선생님도 생각하지 못한 내용이구나." "관찰력이 뛰어난걸!" "오늘 배운 내용을 수학일기로 적었구나." 등입니다.

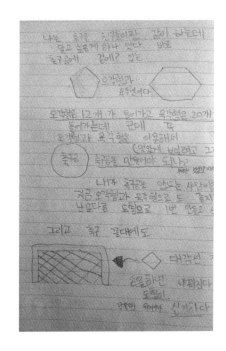

둘째, 우수 수학일기를 홈페이지, 밴드, 카페에 수시로 올려 다른 학생들이 수학일기를 쓰는 방법을 배우고 잘 쓰고자 하는 마음도 키울 수 있도록 합니다.

셋째, 수업시간에 배운 내용을 적은 일기보다는 생활 속에서 수학을 발견해 '어디에, 왜 사용되었는지'를 적은 일기를 더 칭찬해줍니다.

수학일기는 학생들을 괴롭히기 위한 것이 아니라, 수학에 좀더 친근하게 접근하고 관심을 가지도록 하기 위한 것임을 알려주세요. 나아가 수학을 좋아할 수 있는 계기를 만드는 것이 목적이라는 점을 기억해주세요. 수학일기, 어렵지 않습니다. 우리 학생들을 믿고 도전하십시오. 도전하는 선생님이 아름답습니다.

축구공에 숨어 있는 이야기

학생들에게 좋아하는 운동을 물으면 꼭 나오는 것이 축구입니다. 축구공을 자세히 살펴본 적이 있을까요? 학생들과 함께 관심을 가지고 겉모습을 자세히 살펴보면 정오각형과 정육각형으로 이루어져 있음을 발견할 수 있을 것입니다. 그러면 자연스레 질문이 등장합니다.

"축구공은 왜 정오각형과 정육각형으로 만들어졌을까요?"

이 질문에 대답하기 위해서는 먼저 도형의 특징을 이해해야 합니다.

육각형은 벌집에서도 볼 수 있고, 거북의 등에서도 볼 수 있습니다. 그런데 구 모양인 축구공을 만들기 위해서는 정육각형만으로는 불가능합니다. 왜냐하면 정육각형은 평면을 채우기에는 적합하지만 구 모양을 만들 수는 없기 때문인데요. 그래서 정오각형이 꼭 필요합니다. 정오각형과 정육각형으로 구 모양을 만들기 위해서 사람들은 수많은 각을 계산하는 과정을 거쳤습니다. 그렇게 해서 얻은 결론이 구를 만들기 위해서는 반드시 12개의 오각형과 20개의 육각형이 필요하다는 사실입니다. 또 축구공을 만들 때 정육각형과 정오각형을 사용하는 이유는 두 도형이 가성비가 좋아 재료를 절약할 수 있다는 이유도 있습니다.

2015 개정 교육과정에서 강조하는 사항은 바로 '핵심역량'입니다. 학생들의 핵심역량을 향상시키기 위해서 기본적으로 갖추어야 할 조건은 관찰력과 호기심입니다. 축구공이라는 실생활 소재를 가지고 정육각형과 정오각형의 특징을 이해하고 각을 배울 수 있는 실생활 수학은 관찰력과 호기심을 높일 수 있는 효과적인 방법입니다. 실생활 수학으로 학생들이 '핵심역량'을 기를 수 있기를 기대합니다.

초등교사를 위한

재미있는 수학

◇　◇　◇

2학년
2학기

＋　－　×　÷　＝

수학은 내 친구
우리 집 베란다의 식물

거실이나 베란다에 식물 하나쯤은 키우고 있을 텐데요. 식물은 매일 얼마나 자랄까요? 식물의 성장에 관심을 가지고 살펴본다면, 더 잘 키울 수 있을 뿐만 아니라 심미적 감성 함양에도 도움이 됩니다. 식물의 성장 과정을 한눈에 보기 쉽게 정리할 수 있는 방법은 무엇일까요? 표와 그래프를 이용하는 것입니다.

사실 생활 속에서 표와 그래프를 활용하는 경우가 많지는 않습니다. 학교에서는 학생들이 좋아하는 간식거리, 체험학습 장소를 조사하는 경우, 가정에서는 자녀의 키 성장을 기록할 때 가끔 사용하곤 하지요.

예를 들어 학생들이 여름방학 동안 가고 싶은 여행지를 한눈에 알아보려면 어떻게 해야 할까요? 표를 만들면 됩니다. 표는 조사한 자료를 일정한 기준에 따라 가로, 세로로 나뉜 직사각형 모양의 칸에 정리하여 자료에 나타난 수량을 한눈에 알아보기 쉽게 만든 것입니다. 조사 자료만 보고는 쉽게 알수 없기 때문에 자료를 바탕으로 표를 만드는 것이지요. 표를 만들면 자료를 빠뜨리거나 중복되지 않게 정리할 수 있습니다.

지역	서울	제주도	부산	경주	강릉
학생 수	3	9	6	5	7

　한편 자료의 수가 적을 때는 표만으로도 자료에 나타난 수량을 쉽게 알 수 있지만 자료의 수가 많아진다면 어떨까요? 이런 경우를 위해 그래프가 있습니다. 표만으로는 수량을 비교하기가 쉽지 않을 때 사용하는 것이 바로 그래프입니다.

　그래프는 자료의 크기 비교나 변화를 한눈에 알아보기 쉽도록 자료의 수량을 점, 막대, 그림, 꺾은선 등을 이용하여 나타낸 것입니다.

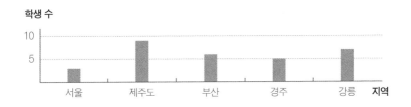

　처음에 식물의 성장에 대해 이야기했었지요? 미세하지만 꾸준히 자라는 식물의 성장 과정을 기록하는 데는 꺾은선그래프가 가장 적절합니다. 그리고 식물의 성장에 가장 큰 영향을 미치는 물의 공급량을 식물의 종류에 따라, 계절에 따라 표나 그래프로 기록해둔다면 식물을 가꾸는 데 많은 도움이 될 것입니다.

　생활 속에서 아이들과 함께 표와 그래프를 활용할 기회를 생각해보고 직접 만들어 사용하는 것은 어떨까요?

1단원 네 자리 수

· 워밍업 활동

수업에 들어가기 전 이것만큼은 꼭!!!

학생들은 수에 대해 쉽게 피로감을 느낍니다. 이번 단원에서 배우게 될 '네 자리 수'는 이런 피로감을 더욱 심화할 가능성이 매우 큽니다. 그러면 "하기 싫다!"는 말이 절로 나오게 되지요. 이런 반응을 줄이기 위해서는 어떻게 해야 할까요? 체육시간에 본격적인 수업 전 워밍업을 하듯이 수학시간에도 반드시 워밍업이 필요합니다. 자, 지금부터 워밍업을 시작합니다.

먼저 학생들이 좋아하는 동네 분식집의 메뉴판을 보여주세요. "좋아하는 메뉴는 뭘까? 친구와 가본 적 있니? 어떤 음식을 주로 먹니?"와 같은 질문으로 학생들의 흥미와 관심을 유발시킵니다. 학생들의 이야기를 들어본 후, 식단표에서 이번 단원에 배울 네 자리 수를 찾아보라고 권합니다.

학생들이 찾은 네 자리 수인 김밥이나 떡볶이 가격을 칠판에 크게 적은 후 자릿수에 대해 알아봅니다. 예를 들어 3,500이라면 "이 수는 네 자리로 되어 있구나. 일의 자리, 십의 자리, 백의 자리, 천의 자리로 구성되어 있단다."라고 설명하는 것입니다.

다음으로 네 자리 수 만들기 게임을 해보는 것도 좋습니다. 먼저 짝과 함께 해볼까요? 각자 네 자리 수를 만들고 누구 것이 더 큰지, 혹은 더 작은지 확인하는 게임입니다.

선생님과 학생들이 함께 하는 네 자리 수 게임도 재미있습니다. 예를 들어 선생님이 '1' 하면 학생들이 차례대로 '5', '3', '7'을 외치고 멈추면 1537이라는 네 자리 수가 완성됩니다. 하지만 멈추지 않고 또 다른 친구가 '2'를 말하면 15372, 즉 다섯 자리 수가 되어 게임에 실패합니다. 서로 눈치를 보며 네 자리 수를 완성하는 것이 이 게임의 핵심입니다. 네 자리 수 게임은 선생님과 전체 학생들이 참여할 수 있어서 더욱 좋습니다.

네 자리 수에 관한 즐거운 이야기와 게임을 즐긴 후라면, 학생들은 이번 수학시간에 배울 네 자리 수에 대해 충분한 흥미와 관심을 가지게 되었을 것입니다.

생활 속 네 자리 수 찾아보기

○ 학습 목표

생활 속에서 네 자리 수 알아보기

○ 핵심 내용 – 13분

– 생활에서 네 자리 수 찾아보기

생활에서 네 자리 수를 찾아봅니다. 분식집 메뉴판이나 달력, 지폐에서

네 자리 수를 찾을 수 있습니다.

– 생활에서 네 자리 수를 사용하여 만든 물건 알아보기

네 자리 수를 사용하며 만든 물건에는 지폐, 휴대폰 번호, 자동차 번호

판 등이 있습니다.

○ 수학 역할극으로 궁금증 찾기 – 7분

두 사람의 대화에서 윤지의 궁금증을 찾아주세요.

엄마	(운전하며) 윤지야! 뭐 하니?
윤지	자동차 보고 있어요. 근데 왜 자동차 번호는 네 자리 수예요?
엄마	그러게. 왜 그럴까?
윤지	자동차 번호는 왜 네 자리 수일까?

윤지의 궁금증?

자동차 번호는 왜 네 자리 수일까?

궁금증 해결!

자동차는 처음 출시될 때 제각각 고유번호가 부여됩니다. 바로 자동차 번호지요. 이때 뒤의 네 자리 수는 자동차의 일련번호인데, 자동차의 수가 많아 네 자리 수가 된 것입니다. 2019년에는 앞의 두 자리 수가 세 자리 수로 바뀐다고 하네요. 자동차의 수가 더 많이 늘어났다는 의미겠지요?

○ 점프 과제 해결하기 – 15분

자동차 번호판은 왜 네 자리 수일까요?

$$○\ 34 러 7598\ ○$$

○ 하브루타로 배운 내용 정리하기 – 3분

짝과 함께 배운 내용을 정리하는 시간입니다. 생활 속에서 네 자리 수 찾기, 수학 역할극 내용, 점프 과제 내용, 수업 활동 중 어려웠던 점, 재미있었던 일, 아쉬운 일, 느낀 점 등을 이야기 나눕니다.

○ **중요 단어 및 한 문장 정리 – 2분**

　– 중요 단어 : 네 자리 수, 자동차 번호, 지폐

　– 한 문장 정리 : 생활에서 사용하는 자동차 번호, 지폐 등에서 네 자리
　수를 찾았다.

○ **과정중심평가 성취기준**

　1. 생활 속에서 쓰이는 네 자리 수를 이해할 수 있는가?

　2. 짝과 협동하여 점프 과제를 해결하고, 해결 과정을 설명할 수 있는가?

　3. 수학 역할극 및 하브루타 활동에 적극적으로 참여하는가?

1000에 대하여 알아볼까요?

○ **학습 목표**

1000 알아보기

○ **핵심 내용 – 10분**

– 1000의 개념 알기

1000은 무엇일까요? 돈을 활용하면 학생들이 쉽게 이해할 수 있습니다. 100원, 500원, 1000원 모형 돈을 활용해보세요. 500원이 2개 있다면? 1000원이 되려면 100원이 몇 개 있어야 할까? 이런 질문으로 1000의 개념을 알 수 있습니다. 이때 처음부터 900보다 100 큰 수, 990보다 10 큰 수, 999보다 1 큰 수라는 것을 가르치지 않아도 됩니다.

– 1000을 쓰고 읽기

'1000'이라 쓰고 '천'이라고 읽습니다.

– 1000 만들기

칠판에 동전을 그려 1000을 만듭니다. 혹은 수 모형으로 1000을 만듭니다.

✐ 준비물 : 모형 돈, 수 모형

○ 수학 역할극으로 궁금증 찾기 – 7분

두 사람의 대화에서 우원의 궁금증을 찾아주세요.

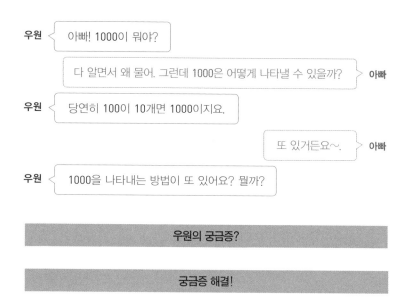

우원 아빠! 1000이 뭐야?

다 알면서 왜 물어. 그런데 1000은 어떻게 나타낼 수 있을까? **아빠**

우원 당연히 100이 10개면 1000이지요.

또 있거든요~. **아빠**

우원 1000을 나타내는 방법이 또 있어요? 뭘까?

우원의 궁금증?

궁금증 해결!

○ 점프 과제 해결하기 – 15분

1000을 나타내는 방법을 2가지 찾아보세요.

✐ 준비물 : 모둠별 수 모형 2세트

○ 하브루타로 배운 내용 정리하기 – 3분

짝과 함께 배운 내용을 정리합니다. 1000의 개념, 1000 만들기, 1000 쓰고 읽기는 물론 수학 역할극 내용, 점프 과제 내용, 수업 활동 중 어려웠던 점, 재미있었던 일, 아쉬운 일, 느낀 점 등도 함께 이야기합니다.

○ 중요 단어 및 한 문장 정리 – 2분

- 중요 단어 : 1000, 천, 1000 읽고 쓰기, 1000 만들기
- 한 문장 정리 : 1000을 읽고 쓰고 만들며 1000을 배웠다.

○ 생활에서 찾아보기 – 3분

자주 사먹는 삼각 김밥이나 초콜릿으로 1000을 익혀보자.

학생들에게 삼각 김밥이나 초콜릿 사진을 보여주며 질문을 던집니다. 이 물건들의 가격은 얼마일까요? 1000원이라면 100원 동전이 몇 개 있어야 살 수 있을까요? 그럼 500원 동전은? 1000원 지폐는? 마지막으로 10원 동전은? 질문에 답하는 동안 학생들은 1000원의 가치에 대해 알게 됩니다.

✎ **준비물 : 삼각 김밥과 초콜릿 사진**

○ 과정중심평가 성취기준

1. 1000을 이해할 수 있는가?
2. 모둠원들과 협동하여 점프 과제를 해결하고, 해결 과정을 설명할 수 있는가?
3. 수학 역할극 및 하브루타 활동에 적극적으로 참여하는가?

네 자리 수를 알 수 있어요

○ 학습 목표

네 자리 수 알아보기

○ 핵심 내용 – 10분

– 몇 천 알아보기

1000 단위로 끊어 읽어봅니다. 1000이 하나면 1000, 1000이 2개면 2000, 1000이 3개면 3000이지요.

– 나눔 실천

초록우산 영상을 보며 1000의 의미, 1000원의 가치를 알아봅니다.

– 로또 구매로 네 자리 수 알아보기

로또 구매를 생각하며 1000원을 알아봅니다. 로또 하나를 사는 데 1000원입니다. 2개를 사면 얼마일까요? 5개를 사면 얼마일까요?

– 마트 영수증으로 네 자리 수 알아보기

마트에서 물건을 사고 받은 영수증을 보고 네 자리 수를 알아봅니다.

– 네 자리 수 이해하기

네 자리 수를 1000, 100, 10, 1로 나누어 이해합니다.

– 네 자리 수 만들기

선생님이 불러준 네 자리 수를 만듭니다. 예를 들어 선생님이 5, 3, 7, 8 이라고 부르면 1000이 5개이고, 100이 3개이며, 10이 7, 1이 8인 수, 즉 5378입니다. 짝과 함께 네 자리 수 만들기 게임도 해봅니다.

✏ 준비물 : 마트 영수증

○ 수학 역할극으로 궁금증 찾기 – 7분

두 사람의 대화에서 의준의 궁금증을 찾아주세요.

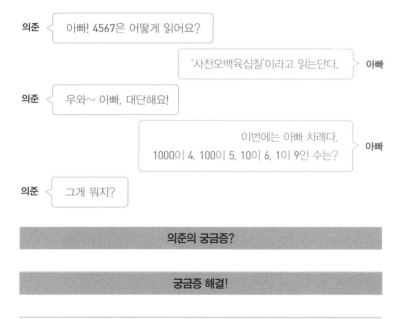

의준 〈 아빠! 4567은 어떻게 읽어요?

'사천오백육십칠'이라고 읽는단다. 〉 아빠

의준 〈 우와~ 아빠, 대단해요!

이번에는 아빠 차례다.
1000이 4, 100이 5, 10이 6, 1이 9인 수는? 〉 아빠

의준 〈 그게 뭐지?

의준의 궁금증?

궁금증 해결!

○ 점프 과제 해결하기 - 15분

짝과 함께 네 자리 수 이해하기 게임을 하세요.

1. 몇 천 이해하기

   1000이 2개면 얼마? 2000!

   1000이 5개면 얼마? 5000!

2. 네 자리 수 쓰고 읽기

   '천이백삼십사'를 써보세요. 1234!

   2345는 1000이 얼마? 2, 100이 얼마? 3, 10이 얼마? 4, 1이 얼마? 5.

   꿀팁 과제를 마치면 선생님과 함께 게임을 합니다. 선생님이 학생들과 1:1로 네 자리 수 이해하기 게임을 하는데, 학급 전체가 **20명**이라면 **20번** 게임을 합니다. 예를 들어 "**1000**이 **3개**면 얼마일까요?" "사천칠백육십이를 수로 써보세요." "**1234**는 **1000**이 얼마? **100**이 얼마? **10**이 얼마? **1**이 얼마일까요?" 등의 질문으로 게임을 이어갑니다. 선생님은 게임을 통해 학생들의 학습 목표 도달 수준을 체크할 수 있습니다.

○ 하브루타로 배운 내용 정리하기 - 3분

짝과 함께 배운 내용을 찾아봅니다. 몇 천과 네 자리 수, 네 자리 수 읽고 쓰기, 수학 역할극 내용, 점프 과제 내용, 수업 활동 중 어려웠던 점, 재미있었던 일, 아쉬운 일, 느낀 점 등을 정리합니다.

○ 중요 단어 및 한 문장 정리 - 2분

– 중요 단어 : 몇 천, 네 자리 수, 읽고 쓰기

– 한 문장 정리 : 몇 천과 네 자리 수의 읽고 쓰기를 배웠다.

꿀팁 칠판에 1000, 100, 10, 1을 여러 개 적어놓고 모두 합하면 얼마인지 맞혀보며 배운 내용을 익힙니다. 예를 들어 칠판에 분필로 '1, 10, 1, 100, 1, 100, 1000, 10, 10, 1000, 100'이라고 적은 후, 얼마인지 맞혀보는 것입니다. 정답은 2333! 이 활동은 수 감각을 익히는 데 효과적입니다.

○ 생활에서 찾아보기 – 3분

실생활에서 사용하는 지폐와 동전 그림을 보고 네 자리 수를 익혀보자.

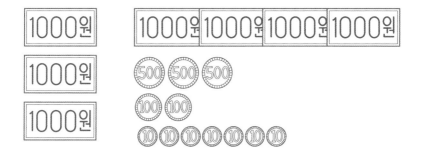

○ 과정중심평가 성취기준

1. 몇 천과 네 자리 수를 이해할 수 있는가?

2. 짝과 협동하여 점프 과제를 해결하고, 해결 과정을 설명할 수 있는가?

3. 수학 역할극 및 하브루타 활동에 적극적으로 참여하는가?

자릿값을 알 수 있어요

○ 학습 목표

- 자릿값 알기

○ 핵심 내용 – 10분

- 자릿값의 개념

  먼저 '수'와 '숫자'의 차이를 알아야 합니다. 예를 들어 24에서 '2'는 십의 자리여서 20을 '4'는 일의 자리여서 4를 나타냅니다. 이처럼 '수'는 '숫자' 라는 기호로 나타냅니다. 귤이 여섯 개 있을 때, 이 개수를 어떻게 나타 낼까요? 편리한 아라비아 숫자인 '6'으로 나타냅니다.

- 자릿값 알아보기

  '1234'는 무엇을 나타낸 것일까요? 1234는 숫자입니다. 수를 읽을 때는 뒤에서부터 일의 자리, 십의 자리, 백의 자리, 천의 자리를 나타냅니다. 즉, 1234에서 '4'는 일의 자리 넷을, '3'은 십의 자리 서른을, '2'는 백의 자리 이백을, '1'은 천의 자리 천을 의미하는 것이죠. 이를 숫자로 나타 내면 천은 1000, 이백은 200, 서른은 30, 넷은 4가 되는 원리입니다.

– 자릿값에 따라 읽기

　1234를 자릿값에 따라 읽으면 '천이백삼십사'입니다. 칠판에 판서하면서 자릿값을 정확하게 이해하고 익히도록 지도해야 합니다.

○ 수학 역할극으로 궁금증 찾기 – 7분

두 사람의 대화에서 지윤의 궁금증을 찾아주세요.

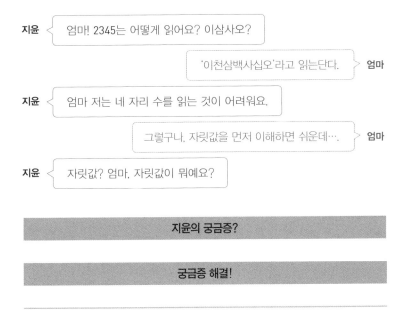

지윤　엄마! 2345는 어떻게 읽어요? 이삼사오?

'이천삼백사십오'라고 읽는단다.　**엄마**

지윤　엄마 저는 네 자리 수를 읽는 것이 어려워요.

그렇구나, 자릿값을 먼저 이해하면 쉬운데….　**엄마**

지윤　자릿값? 엄마, 자릿값이 뭐예요?

지윤의 궁금증?

궁금증 해결!

○ 점프 과제 해결하기 – 15분

수 4567을 자릿값에 따라 읽어보고, 각 숫자가 나타내는 수를 설명하세요.

○ 하브루타로 배운 내용 정리하기 – 3분

 짝과 함께 배운 내용을 찾아 정리하는 시간입니다. 자릿값, 수와 숫자, 수학 역할극 내용, 점프 과제 내용, 수업 활동 중 어려웠던 점, 재미있었던 일, 아쉬운 일, 느낀 점 등을 이야기 나눕니다.

○ 중요 단어 및 한 문장 정리 – 2분

 – 중요 단어 : 수와 숫자, 자릿값, 네 자리 수, 일의 자리, 십의 자리, 백의 자리, 천의 자리

 – 한 문장 정리 : 수와 숫자를 구별하고, 자릿값에 따라 네 자리 수를 읽어보았다.

○ 생활에서 찾아보기 – 3분

 전철역 플랫폼에 있는 음료와 과자 자판기를 이용해 자릿값을 익혀보자.

 ✎ 준비물 : 자판기 사진

 꿀팁 음료와 과자 자판기에 대해서도 이야기해봅니다. 자판기에 무엇을 넣어야 음료와 과자가 나올까요? 자판기는 지폐와 여러 종류의 동전을 어떻게 구별할 수 있을까요? 이런 질문을 던진 후 학생들의 이야기를 충분히 들어주고, 동전과 지폐마다 들어가는 자리가 있고 센서로 구별한다는 사실을 이야기해주세요.

○ 과정중심평가 성취기준

 1. 자릿값을 이해할 수 있는가?

2. 짝과 협동하여 점프 과제를 해결하고, 해결 과정을 설명할 수 있는가?

3. 수학 역할극 및 하브루타 활동에 적극적으로 참여하는가?

뛰어 셀 수 있어요

O **학습 목표**

뛰어 세기

O **핵심 내용 – 10분**

- 뛰어 세기

같은 수만큼 일정하게 커지거나 작아집니다.

- 용돈으로 알아보기

1. 똘배는 하루에 1000원씩 용돈을 받습니다. 똘배의 일주일 용돈은 얼마일까요? 1000씩 뛰어 세기를 활용하면 알 수 있습니다. 월요일은 1000원, 화요일은 2000원, 수요일은 3000원 ⋯ 일요일은 7000원입니다. 이처럼 매일 1000씩 뛰어 세면 똘배의 일주일 용돈이 7000원임을 알 수 있습니다.

2. 똘배는 일주일 용돈으로 월요일에 5000원을 받습니다. 매일 1000원짜리 삼각 김밥을 하나씩 사먹는다면 용돈은 며칠 후에 다 없어질까요? 이때도 1000씩 뛰어 세기를 활용합니다. 월요일 4000원, 화요일

3000원, 수요일 2000원, 목요일 1000원, 금요일 0원. 그러므로 5일 후 용돈이 다 없어집니다.

O 수학 역할극으로 궁금증 찾기 – 7분

두 사람의 대화에서 선우의 궁금증을 찾아주세요.

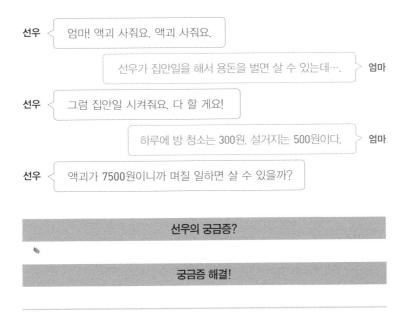

선우 〉 엄마! 액괴 사줘요. 액괴 사줘요.

선우가 집안일을 해서 용돈을 벌면 살 수 있는데…. 〈 엄마

선우 〉 그럼 집안일 시켜줘요. 다 할 게요!

하루에 방 청소는 300원, 설거지는 500원이다. 〈 엄마

선우 〉 액괴가 7500원이니까 며칠 일하면 살 수 있을까?

선우의 궁금증?

궁금증 해결!

O 점프 과제 해결하기 – 15분

유리는 아빠 심부름으로 200원, 음식물 쓰레기 버리기로 700원을 받습니다. 유리가 사고 싶은 비밀 일기장이 9900원이라면, 며칠을 일해야 살 수 있을까요? 단, 문제를 해결할 때 뛰어 세기를 이용해야 합니다.

○ 하브루타로 배운 내용 정리하기 – 3분

짝과 함께 배운 내용을 이야기 나눕니다. 뛰어 세기, 1000씩 뛰어 세기, 수학 역할극 내용, 점프 과제 내용, 수업 활동 중 어려웠던 점, 재미있었던 일, 아쉬운 일, 느낀 점 등을 이야기합니다.

○ 중요 단어 및 한 문장 정리 – 2분

- 중요 단어 : 뛰어 세기, 1000씩 뛰어 세기
- 한 문장 정리 : 뛰어 세기의 의미와 1000씩 뛰어 세기를 배웠다.

○ 생활에서 찾아보기 – 3분

문에 붙어 있는 치킨 가게 전단지로 뛰어 세기를 익혀보자.

전단지에는 "치킨을 직접 사러 오면 2000원을 할인해줍니다."라고 쓰여 있습니다. 4일 동안 치킨집에 가서 치킨 1마리씩 사온다면 얼마를 할인받을 수 있을까요?

○ 과정중심평가 성취기준

1. 뛰어 세기를 이해할 수 있는가?
2. 짝과 협동하여 점프 과제를 해결하고, 해결 과정을 설명할 수 있는가?
3. 수학 역할극 및 하브루타 활동에 적극적으로 참여하는가?

두 수의 크기를 비교할 수 있어요

○ **학습 목표**

두 수의 크기 비교하기

○ **핵심 내용 – 10분**

– 세뱃돈 비교하기

똘배와 똘순이가 받은 세뱃돈을 비교합니다. 똘배는 7550원을 받았고, 똘순이는 6790원을 받았다면, 누가 더 많은 세뱃돈을 받았을까요? 십원, 백 원짜리 동전은 더 적지만 천 원짜리 지폐가 더 많기 때문에 똘배의 세뱃돈이 더 많습니다.

– 수의 크기 비교하기

큰 자릿값이 클수록 큰 수입니다. 천의 자릿값, 백의 자릿값, 십의 자릿값, 일의 자릿값 순으로 수의 크기를 비교합니다.

○ **수학 역할극으로 궁금증 찾기 – 7분**

두 사람의 대화에서 정진의 궁금증을 찾아주세요.

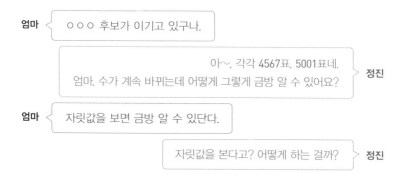

엄마 〈 ○○○ 후보가 이기고 있구나.

아~, 각각 4567표, 5001표네.
엄마, 수가 계속 바뀌는데 어떻게 그렇게 금방 알 수 있어요? 〉 정진

엄마 〈 자릿값을 보면 금방 알 수 있단다.

자릿값을 본다고? 어떻게 하는 걸까? 〉 정진

정진의 궁금증?

궁금증 해결!

○ 점프 과제 해결하기 – 15분

우리 반 남학생과 여학생 중 어느 쪽이 더 많은 돈을 가지고 있을까?

꿀팁 점프 과제를 할 때 학생들이 문제를 잘 이해하지 못한다면 적절한 힌트를 주세요. 실제로 가진 돈을 조사하여 비교하고 설명하면 좋지만, 학생들이 자신이 가진 돈을 임의로 정하여 비교하고 설명해도 괜찮습니다. 단, 1명도 빠져서는 안 됩니다. 남학생 10명의 돈을 계산한다면 똘배 500원, 기수 300원, 신화 1,000원, 한수 340원 등등 각자가 가진 돈을 적고, 이를 더해 남학생 전체가 가진 돈을 구합니다. 여학생의 돈도 동일한 방법으로 구합니다. 이때, 네 자리 수가 넘어가지 않도록 주의해야 합니다. 만약 넘어간다면 점프 과제 해결 실패입니다.

○ 하브루타로 배운 내용 정리하기 – 3분

짝과 함께 배운 내용을 찾아봅니다. 두 수의 크기 비교하기, 자릿값에 따라 비교하기, 수학 역할극 내용, 점프 과제 내용, 수업 활동 중 어려웠던 점, 재미있었던 일, 아쉬운 일, 느낀 점 등을 정리해 이야기합니다.

○ 중요 단어 및 한 문장 정리 – 2분

– 중요 단어 : 자릿값, 두 수의 크기 비교하기

– 한 문장 정리 : 자릿값에 따라 두 수의 크기를 비교했다.

○ 생활에서 찾아보기 – 3분

마트에서 물건을 산 영수증으로 두 수의 크기 비교를 익혀보자.

두 학생을 주인공으로 하여 구입한 물건 값을 비교해봅니다. 예를 들어 똘배는 3가지 물건을 골라 6800원에 구매했고, 똘순이는 4가지 물건을 골라 5900원에 샀습니다. 누가 얼마의 돈을 더 많이 사용했을까요?

✎ **준비물 : 영수증 2개**

○ 과정중심평가 성취기준

1. 두 수의 크기 비교를 이해할 수 있는가?
2. 친구들과 협동하여 점프 과제를 해결하고, 해결 과정을 설명할 수 있는가?
3. 수학 역할극 및 하브루타 활동에 적극적으로 참여하는가?

2단원 곱셈구구

· 워밍업 활동

수업에 들어가기 전 이것만큼은 꼭!!!
우리는 2학년이 되면 자연스럽게 학생들에게 곱셈구구를 외우도록
합니다. 셈을 빨리 계산할 수 있는 등 여러 가지로 편리하다는 이유
로 말이지요. 그러나 과연 스스로 필요성을 느끼지 못하는 학생들
에게 무조건 곱셈구구를 외우도록 하는 게 현명한 일일까요?
핀란드에서는 곱셈구구를 외우도록 강요하지 않는다고 합니다. 대
신 학생들이 덧셈의 불편함을 느껴 곱셈구구를 스스로 익히도록 이
끌어준다고 하네요.

2단원 곱셈구구를 들어가기 전 워밍업으로 곱셈구구의 필요성을
느낄 수 있도록 함께 이야기를 나누어보는 것은 어떨까요?
"여러분, 곱셈구구 알아요?" "이미 외운 학생 있나요?" "왜 구구단
을 외웠나요?" 이런 질문을 하고 되도록 많은 학생들의 답변을 들
어봅니다. 그리고 학생들의 마음을 읽어주는 질문을 던집니다. "곱
셈구구를 외우면 편하다지만 억지로 외우려고 하니 어땠나요?"

"잘 외워지지 않아서 속상하진 않았나요?" 마지막으로 "곱셈구구를 외우면 어떤 점이 좋을까요?"라는 질문으로 학생들 스스로 곱셈구구의 필요성을 생각해볼 기회를 제공해주세요.

곱셈구구는 쉽게 말하면 구구단입니다. 2단부터 9단까지 외우는 구구단. 한때 구구단을 재미있게 따라 부르는 영상이 유행처럼 번지기도 했지요. 처음에는 영상을 따라 부르는 모습이 기특했지만 차츰 너무 수동적이라는 생각이 들었습니다. 저는 교육의 비극이 학생들이 수동적으로 전락하는 데서 시작한다고 생각합니다. 그리고 수학이라는 교과는 정해진 공식에 따라 문제를 해결하는 것이 아니라 생활 속에서 자기 주도적으로 문제를 찾아 발견하는 교과라고 생각합니다. 즉 스스로 호기심을 가지고 질문하고 탐구하며 사고력을 향상시키는 교과라는 말입니다.

곱셈구구도 덧셈의 불편함이라는 문제를 찾고 이를 해결하는 방법으로 익힐 수 있도록 도와주는 것이 선생님의 역할이라고 생각합니다.

"선생님이 많이 가르칠수록 학생들은 배움에서 멀어진다." 이 말의 의미를 가슴에 새겨두기 바랍니다.

생활 속에서
곱셈구구를 알아볼까요?

O **학습 목표**

생활 속에서 곱셈구구의 필요성 알기

O **핵심 내용 – 13분**

– 생활 속에서 곱셈이 사용되는 경우 찾아보기

같은 물건을 여러 개 살 때(한 박스에 담긴 사과 수)나 건물의 창문 수를 셀 때(규칙적으로 설치된 창문 수) 편리하게 계산할 수 있으며, 재미있는 구구단 게임도 할 수 있습니다.

– 왜 곱셈을 사용할까?

덧셈의 불편한 점을 빠르고 편리한 곱셈으로 해결합니다.

– 덧셈의 불편한 점과 곱셈의 편리한 점 찾기

일일이 덧셈을 하다보면 시간도 많이 걸리고 실수할 수도 있어 불편합니다. 곱셈을 사용하면 시간이 절약되고 편리하며 실수할 가능성이 적어 정확한 값을 구할 수 있습니다.

○ 수학 역할극으로 궁금증 찾기 – 7분

두 사람의 대화에서 미래의 궁금증을 찾아주세요.

윤주의 궁금증?
구구단 게임에서 어떻게 하면 엄마를 이길 수 있을까?

궁금증 해결!

구구단 게임의 달인이 되면 됩니다. 달인이 되려면 어떻게 해야 할까요? 바로 매일 매일 꾸준히 연습하면 됩니다.

○ 점프 과제 해결하기 – 15분

1. 짝과 구구단 게임하기

2. 선생님과 학생들 간 구구단 게임하기

꿀팁 짝과 구구단 게임을 하는 동안 선생님은 궤간순회를 통해 도움이 필요한 학생들에게 도움을 주세요. 게임을 마치고 학생들 각자 자신이 알고 있는 곱셈구구를 적어보는 활동을 하면 곱셈구구에 좀더 익숙해질 수 있습니다.

○ 하브루타로 배운 내용 정리하기 – 3분

짝과 함께 배운 내용을 찾아 정리하는 시간입니다. 곱셈구구, 구구단, 구구단 게임, 수학 역할극 내용, 점프 과제 내용, 수업 활동 중 어려웠던 점, 재미있었던 일, 아쉬운 일, 느낀 점 등에 대해 이야기합니다.

○ 중요 단어 및 한 문장 정리 – 2분

– 중요 단어 : 곱셈구구, 구구단, 구구단 게임, 필요성
– 한 문장 정리 : 곱셈구구의 필요성을 알고 재밌는 구구단 게임을 했다.

○ 과정중심평가 성취기준

1. 생활 속에서 곱셈구구의 필요성을 이해할 수 있는가?
2. 짝과 협동하여 점프 과제를 해결하고, 해결 과정을 설명할 수 있는가?
3. 수학 역할극 및 하브루타 활동에 적극적으로 참여하는가?

2단 곱셈구구 알아보기

O **학습 목표**

곱셈구구 2단 알아보기

O **핵심 내용 – 10분**

– 덧셈으로 알아보기

2단을 덧셈으로 알아봅니다. 2×1는 2가 하나여서 2가 되고, 2×2는 2+2여서 4, 2×3은 2+2+2여서 6, 2×4는 2+2+2+2여서 8이 됩니다.

– 덧셈으로 알 수 있는 규칙

2씩 늘어납니다. 2씩 증가합니다.

– 곱셈으로 알아보기

2단을 곱셈으로 알아봅니다. 2×1=2, 2×2=4, 2×3=6, 2×4=8….

– 곱셈으로 알 수 있는 규칙

2씩 늘어납니다. 2씩 증가합니다.

– 덧셈과 곱셈의 공통점과 차이점

공통점 : 2씩 늘어납니다. 2씩 증가합니다.

차이점 : 덧셈보다 곱셈이 더 편리하고 더 빠릅니다.

○ 수학 역할극으로 궁금증 찾기 − 7분

두 사람의 대화에서 재영의 궁금증을 찾아주세요.

재영 아빠! 문제 낼 테니까 맞춰보세요.

무슨 문제인데 그래? **아빠**

재영 2를 9번 더하면 얼마일까요?

18. **아빠**

재영 우와, 어떻게 그렇게 금방 알 수 있어요?

재영의 궁금증?

궁금증 해결!

○ 점프 과제 해결하기 − 15분

1. 2를 6번 더하면 얼마일까요? 이를 덧셈식으로 나타낸 후 곱셈식으로도 나타내세요.

2. 16을 2단 곱셈구구로 나타내세요.

○ 하브루타로 배운 내용 정리하기 – 3분

짝과 함께 배운 내용을 정리해봅니다. 2단 곱셈구구, 덧셈과 곱셈, 수학 역할극 내용, 점프 과제 내용, 수업 활동 중 어려웠던 점, 재미있었던 일, 아쉬운 일, 느낀 점 등에 대해 이야기합니다.

○ 중요 단어 및 한 문장 정리 – 2분

- 중요 단어 : 덧셈, 곱셈, 공통점과 차이점, 곱셈구구 2단
- 한 문장 정리 : 덧셈과 곱셈의 공통점과 차이점, 2단 곱셈구구를 배웠다.

○ 생활에서 찾아보기 – 3분

젓가락 그림으로 2단 곱셈구구를 익혀보자.

꿀팁 젓가락, 신발, 자전거 바퀴와 같이 2개씩 짝을 이루는 물건을 통해 생활 속에서 2단 곱셈구구를 찾아봅니다.

○ 과정중심평가 성취기준

1. 2단 곱셈구구를 이해할 수 있는가?
2. 짝과 협동하여 점프 과제를 해결하고, 해결 과정을 설명할 수 있는가?
3. 수학 역할극 및 하브루타 활동에 적극적으로 참여하는가?

5단 곱셈구구 알아보기

○ **학습 목표**

　5단 곱셈구구 알아보기

○ **핵심 내용 - 10분**

　– 덧셈으로 알아보기

　　5단을 덧셈으로 알아봅니다. 5, 5+5=10, 10+5=15, 15+5=20…

　– 덧셈으로 알 수 있는 규칙

　　5씩 늘어납니다. 5씩 증가합니다.

　– 곱셈으로 알아보기

　　5×1=5, 5×2=10, 5×3=15…

　– 곱셈으로 알 수 있는 규칙

　　5씩 늘어납니다. 5씩 증가합니다.

　– 덧셈과 곱셈의 공통점과 차이점

　　공통점 : 5씩 늘어납니다. 5씩 증가합니다.

　　차이점 : 덧셈보다 곱셈이 더 편리하고 더 빠릅니다.

○ 수학 역할극으로 궁금증 찾기 – 7분

두 사람의 대화에서 윤주의 궁금증을 찾아주세요.

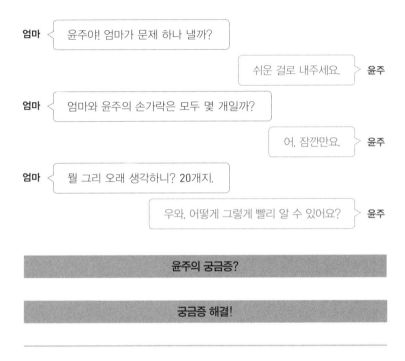

엄마 윤주야! 엄마가 문제 하나 낼까?	
	쉬운 걸로 내주세요. **윤주**
엄마 엄마와 윤주의 손가락은 모두 몇 개일까?	
	어, 잠깐만요. **윤주**
엄마 뭘 그리 오래 생각하니? 20개지.	
	우와, 어떻게 그렇게 빨리 알 수 있어요? **윤주**

윤주의 궁금증?

궁금증 해결!

○ 점프 과제 해결하기 – 15분

짝꿍과 함께 나와 짝꿍의 손가락 수와 발가락 수를 구하세요.

(단, 곱셈을 이용하여 해결하세요.)

○ 하브루타로 배운 내용 정리하기 – 3분

짝과 함께 배운 내용을 찾아봅니다. 곱셈구구, 5단 곱셈구구, 수학 역할극 내용, 점프 과제 내용, 수업 활동 중 어려웠던 점, 재미있었던 일, 아쉬운 일, 느낀 점 등에 대해 이야기합니다.

○ 중요 단어 및 한 문장 정리 – 2분

 – 중요 단어 : 5단 곱셈구구, 덧셈과 곱셈, 손가락, 발가락
 – 한 문장 정리 : 손가락과 발가락을 이용하여 5단 곱셈구구를 배웠다.

○ 생활에서 찾아보기 – 3분

박수치기 게임을 통해 5단 곱셈구구를 익혀보자.

박수치기 게임 방법은 간단합니다. 우선 5는 양손 박수로 "딴딴! 따따따!"입니다. 이제 게임을 시작해볼까요? 선생님이 "5 곱하기 1은?" 하고 말하면 학생들은 박수로만 "딴딴! 따따따!"를 합니다. 다시 선생님이 "5 곱하기 3은?" 하면 "딴딴! 따따따!"를 연달아 3번 합니다. 이렇게 곱셈구구 5단을 박수치기 게임으로 익히면 학생들이 매우 좋아합니다.

○ 과정중심평가 성취기준

1. 5단 곱셈구구를 이해할 수 있는가?
2. 짝과 협동하여 점프 과제를 해결하고, 해결 과정을 설명할 수 있는가?
3. 수학 역할극 및 하브루타 활동에 적극적으로 참여하는가?

다양한 곱셈구구 알아보기

○ **학습 목표**

다양한 곱셈구구 알아보기

○ **핵심 내용 – 10분**

3단 알아보기 : 3씩 일정하게 커집니다. $3 \times 1 = 3$, $3 \times 2 = 6$, $3 \times 3 = 9 \cdots$.

4단 알아보기 : 4씩 일정하게 커집니다. $4 \times 1 = 4$, $4 \times 2 = 8$, $4 \times 3 = 12 \cdots$.

6단 알아보기 : 6씩 일정하게 커집니다. $6 \times 1 = 6$, $6 \times 2 = 12$, $6 \times 3 = 18 \cdots$.

7단 알아보기 : 7씩 일정하게 커집니다. $7 \times 1 = 7$, $7 \times 2 = 14$, $7 \times 3 = 21 \cdots$.

8단 알아보기 : 8씩 일정하게 커집니다. $8 \times 1 = 8$, $8 \times 2 = 16$, $8 \times 3 = 24 \cdots$.

9단 알아보기 : 9씩 일정하게 커집니다. $9 \times 1 = 9$, $9 \times 2 = 18$, $9 \times 3 = 27 \cdots$.

1단 알아보기 : 1씩 일정하게 커집니다. $1 \times 1 = 1$, $1 \times 2 = 2$, $1 \times 3 = 3 \cdots$. 1단
은 몇을 곱하든 곱하는 수가 나옵니다.

○ **수학 역할극으로 궁금증 찾기 – 7분**

두 사람의 대화에서 지민의 궁금증을 찾아주세요.

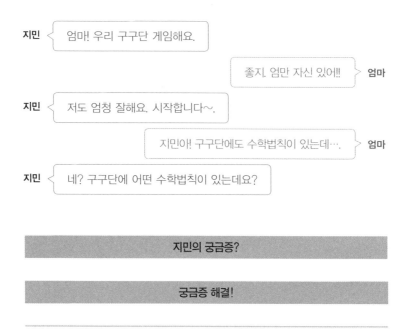

지민 〈 엄마! 우리 구구단 게임해요.

좋지. 엄만 자신 있어!! 〉 엄마

지민 〈 저도 엄청 잘해요. 시작합니다~.

지민아! 구구단에도 수학법칙이 있는데…. 〉 엄마

지민 〈 네? 구구단에 어떤 수학법칙이 있는데요?

지민의 궁금증?

궁금증 해결!

○ 점프 과제 해결하기 – 15분

3단, 6단, 7단, 1단의 곱셈구구에 있는 수학법칙을 찾아보세요.

○ 하브루타로 배운 내용 정리하기 – 3분

짝과 함께 배운 내용을 정리하는 시간입니다. 다양한 곱셈구구, 곱셈구구
의 수학법칙, 수학 역할극 내용, 점프 과제 내용, 수업 활동 중 어려웠던 점,
재미있었던 일, 아쉬운 일, 느낀 점 등에 대해 이야기합니다.

○ 중요 단어 및 한 문장 정리 – 2분

– 중요 단어 : 다양한 곱셈구구, 수학법칙

– 한 문장 정리 : 다양한 곱셈구구에서 수학법칙을 찾았다.

○ 생활에서 찾아보기 – 3분

삼각 김밥이나 벌집으로 곱셈구구를 익혀보자.

✎ 준비물 : 삼각 김밥과 벌집 사진

꿀팁 삼각 김밥과 벌집 사진을 보여주며 어떤 곱셈구구와 연관이 있을지 학생들에게 물어봅니다. 학생들의 대답을 충분히 들은 후 각각 삼각형과 육각형의 변의 수를 언급하며 삼각 김밥은 3단과 벌집은 6단과 관련이 있음을 알려줍니다. 3단과 6단을 노래로 익히고, 시간이 허락되면 게임으로도 익혀봅니다.

○ 과정중심평가 성취기준

1. 다양한 곱셈구구를 이해할 수 있는가?

2. 짝과 협동하여 점프 과제를 해결하고, 해결 과정을 설명할 수 있는가?

3. 수학 역할극 및 하브루타 활동에 적극적으로 참여하는가?

0과 어떤 수의 곱을
알 수 있어요

O **학습 목표**

　0과 어떤 수의 곱 알아보기

O **핵심 내용 – 10분**

　– 0의 개념

　　0은 '아무 것도 없다'는 의미입니다.

　– 0과 어떤 수의 곱

　　아무 것도 없는 수를 계속 더하면 그대로 0이 됩니다. 즉 $0+0+0+0=0$

　　이니 0×4도 0이 됩니다. 말로 설명하면 '없다, 없다, 없다, 없다'입니다.

　– 어떤 수와 0의 곱

　　어떤 수가 없다는 의미이므로 0입니다. 즉 5×0은 0입니다. 말로 설명

　　하면 '5가 없다'입니다.

　– 학생들에게 5×0과 0×5를 질문하기

　　질문 후 다음과 같이 설명합니다. 5×0은 '5가 없다'. 0×5는 '없다, 없

　　다, 없다, 없다, 없다'.

○ 수학 역할극으로 궁금증 찾기 – 7분

두 사람의 대화에서 명혁의 궁금증을 찾아주세요.

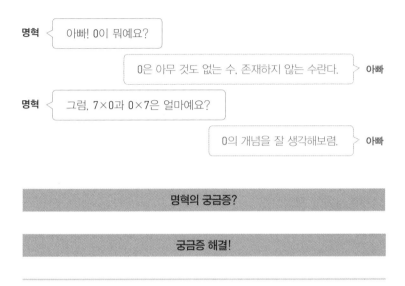

명혁 아빠! 0이 뭐예요?

0은 아무 것도 없는 수, 존재하지 않는 수란다. **아빠**

명혁 그럼, 7×0과 0×7은 얼마예요?

0의 개념을 잘 생각해보렴. **아빠**

명혁의 궁금증?

궁금증 해결!

○ 점프 과제 해결하기 – 15분

3×0과 0×3의 같은 점과 다른 점을 짝과 함께 이야기하세요.

○ 하브루타로 배운 내용 정리하기 – 3분

짝과 함께 배운 내용을 찾아봅니다. 그 내용은 0의 개념, 0과 어떤 수의 곱, 어떤 수와 0의 곱, 수학 역할극 내용, 점프 과제 내용, 수업 활동 중 어려 웠던 점, 재미있었던 일, 아쉬운 일, 느낀 점 등이 됩니다.

○ 중요 단어 및 한 문장 정리 – 2분

 – 중요 단어 : 0의 개념, 아무 것도 없는 수, 0과 어떤 수의 곱, 어떤 수와 0의 곱

 – 한 문장 정리 : 0의 개념과 0과 어떤 수의 곱, 어떤 수와 0의 곱은 0이라는 것을 배웠다.

○ 생활에서 찾아보기 – 3분

빈 필통이나 빈 컵을 이용해 0과 어떤 수의 곱을 익혀보자.

○ 과정중심평가 성취기준

1. 0과 어떤 수의 곱, 어떤 수와 0의 곱이 0임을 이해할 수 있는가?

2. 짝과 협동하여 점프 과제를 해결하고, 해결 과정을 설명할 수 있는가?

3. 수학 역할극 및 하브루타 활동에 적극적으로 참여하는가?

곱셈구구를 다양하게
활용할 수 있어요

O **학습 목표**

곱셈구구 다양하게 활용하기

O **핵심 내용 – 10분**

– 곱셈구구표 만들기

덧셈과 곱셈을 활용하여 1단부터 9단까지 곱셈구구를 써봅니다.

– 곱셈구구 활용하기

1. 아파트 계단 개수를 곱셈구구를 활용하여 알아봅니다. 한 층마다 9개의 계단이 있다면 9층까지 계단의 개수는 모두 얼마일까요?

2. 공깃돌 개수를 곱셈구구로 알아봅니다. 한 통에 5개의 공깃돌이 들어 있다면 6통에는 모두 몇 개의 공깃돌이 있을까요?

－ 곱셈구구표에서 규칙 찾기

곱셈구구표에서 규칙을 찾아봅니다.

1. 왼쪽 위에서 오른쪽 아래로 대각선의 수는 3, 5, 7, 9, 11… 로 커집니다.

2. 오른쪽 위에서 왼쪽 아래로 대각선 수는 가운데에 있는 수 25를 기준으로 좌우 대칭입니다.

3. 1단은 1씩, 2단은 2씩, 3단은 3씩 커집니다.

4. 교환법칙이 있습니다. 2×4와 4×2가 같고 6×5와 5×6이 같습니다.

○ 수학 역할극으로 궁금증 찾기 － 7분

두 사람의 대화에서 승현의 궁금증을 찾아주세요.

승현 엄마! 곱셈구구 알아요?

그게 뭔데? **엄마**

승현 1단, 2단, 3단 같은 구구단이요.

학교에서 배웠구나? 생활 속에서
곱셈구구를 활용할 수 있으면 금세 익힐 수 있을텐데. **엄마**

승현 생활 속에서 구구단을 어떻게 활용할 수 있을까요?

○ 점프 과제 해결하기 – 15분

짝과 함께 생활 속에서 곱셈구구를 활용하는 경우를 2가지 찾아보세요.

1. 가장 많이 활용하는 것은 묶음입니다.

   굴비가 한 묶음에 5마리라면 5묶음은 5×5가 되어 25마리입니다.

   7개씩 들어 있는 도너츠 박스를 4개 샀다면 구매한 도너츠는 7×4로 모두 28개입니다.

2. 식당에 있는 의자의 수를 쉽게 알 수 있습니다. 식당에 테이블이 9개 있고 한 테이블에 의자가 4개 있다면, 식당에 있는 의자의 수는 9×4=36개입니다.

3. 우리 가족에게 필요한 젓가락 수도 곱셈구구를 활용하면 편리하게 알 수 있습니다.

○ 하브루타로 배운 내용 정리하기 – 3분

짝과 함께 배운 내용을 찾아 정리하는 시간입니다. 수학 역할극 내용, 점프 과제 내용, 수업 활동 중 어려웠던 점, 재미있었던 일, 아쉬운 일, 느낀 점 등에 대해 이야기합니다.

○ 중요 단어 및 한 문장 정리 – 2분

- 중요 단어 : 곱셈구구, 곱셈구구표, 활용, 규칙

- 한 문장 정리 : 곱셈구구표에서 규칙을 찾아보고 실생활에서 활용하는
  경우를 배웠다.

○ 생활에서 찾아보기 – 3분

강아지와 뿔이 있는 소를 이용해 곱셈구구 활용을 익혀보자.

1. 강아지 다리 수를 알아보려면 곱셈구구 중 몇 단을 활용해야 할까요?

2. 소의 뿔과 다리 수를 알아보려면 각각 곱셈구구 중 몇 단을 활용해야
   할까요?

○ 과정중심평가 성취기준

1. 곱셈구구의 활용을 이해할 수 있는가?

2. 짝과 협동하여 점프 과제를 해결하고, 해결 과정을 설명할 수 있는가?

3. 수학 역할극 및 하브루타 활동에 적극적으로 참여하는가?

3단원 길이 재기

· 워밍업 활동

수업에 들어가기 전 이것만큼은 꼭!!!
허리 둘레를 잘 몰라 바지를 사지 못했던 경험이 있나요? 이처럼 생활 속에서 길이를 몰라 불편을 겪은 순간이 있었을 겁니다. 이럴 때를 대비해 3단원 '길이 재기'에서는 길이를 어림할 수 있는 감각을 키우는 것에 좀 더 주의를 기울여야 합니다.

길이란 무엇일까? 길이 재기 공부를 왜 할까? 생활 속에서 길이는 언제 사용할까? 길이의 단위에는 무엇이 있을까? 처음에는 이런 질문을 통해 학생들의 다양한 의견을 경청하고 공유해야 합니다.
그리고 1cm와 1m의 길이를 실제 값에 가깝게 어림할 수 있어야 합니다. 그러면 자 없이도 내 어깨의 길이가 얼마일지 어림할 수 있습니다. 집에 있는 침대의 가로 길이와 세로 길이, 현관문의 가로세로 길이를 어림해보며 생활 속에서 편리하게 사용할 수 있는 길이 어림 감각을 기릅니다.
더불어 1m 길이가 어떻게 탄생하게 되었는지 이야기를 들려주면 학생들의 관심을 모을 수 있습니다. 오래 전 학자들은 1m를 어느 정도의 길이로 정할지 고민했습니다. 그러다 1790년 프랑스 인 탈레랑의 제의로 많은 학자들이 모여 1m의 값을 정했습니다. 이때 정한 1m는 북극과 적도 사이에 낀 자오선 호 길이의 천만 분의 1 길이입니다. 세계 지도를 보면 한 뼘밖에 되지 않는 거리지만 1m의 길이를 정하기 위해 이를 측정하는 과정은 정말 어려운 일이었습니다. 그동안 프랑스는 스페인과의 전쟁에 휩싸이는 등 우여곡절을 겪었고, 6년이라는 시간이 지난 후에야 1m의 길이를 정할 수 있었습니다.

미터는 그리스어로 '재다' 또는 '자'를 뜻하는데, 오늘날 세계적으로 쓰이는 미터법은 길이는 미터(m), 무게는 그램(g), 부피는 리터(l)를 기본으로 하는 국제적인 도량형 단위 체계입니다. 이후 과학자들은 사람들이 미터보다 크고 작은 단위들을 더 쉽게 읽고 사용할 수 있도록 '밀리', '센티', '킬로'를 도입했답니다. 밀리미터, 센티미터, 킬로미터 등등, 많이 들어봤지요?

이 워밍업 활동으로 길이의 개념을 이해하고 생활 속에서 사용되는 경우를 찾아보며 길이 재기 공부의 필요성을 느낄 수 있었다면 재미와 의미를 더한 수학시간을 만들 수 있을 것입니다.

생활 속에서 길이 알아보기

○ 학습 목표

생활 속에서 길이 알아보기

○ 핵심 내용 – 10분

– 길이의 개념 설명하기

얼마나 길까? 얼마나 짧을까? 이것을 수치로 나타낸 것이 길이입니다.

길이를 말할 때 사용하는 단어는 '길다', '짧다'입니다.

– 길이의 단위 알아보기

cm를 먼저 칠판에 판서하여 설명하고, 더 큰 단위인 m와 km를 도입합

니다. cm보다 더 작은 단위인 mm도 함께 알아봅니다.

– 길이 단위의 필요성 알기

나라마다 사람마다 길이의 기준이 다르면 의사소통이 매우 불편하기

때문에 누구나 알 수 있는 길이 단위인 cm와 m를 사용합니다.

우리가 텔레비전, 택시, 리모컨 등에 고유의 이름 붙여서 사용하는 것

처럼 1cm와 1m도 일정한 길이를 정하여 사용하고 있음을 이해시킵니

다. 이는 사용의 편리함을 위한 것임을 알려줍니다.

– 생활 속에서 길이 찾아보기

생활 속에서 사용하는 길이를 찾아봅니다. 키(○), 몸무게(×), 허리 둘레(○) 등을 예로 들며 길이와 무게의 단위를 구별할 수 있도록 지도합니다.

○ 수학 역할극으로 궁금증 찾기 – 7분

두 사람의 대화에서 명훈의 궁금증을 찾아주세요.

명훈의 궁금증?
키의 단위가 무엇일까?

궁금증 해결!

키는 길이의 단위로 표시합니다. 그럼, 길이의 단위는 무엇일까요? 바로 mm, cm, m, km입니다.

○ **점프 과제 해결하기 – 15분**

옆 짝꿍의 키를 길이 단위를 사용하여 나타내세요.

꿀팁 교실에 **30cm** 자나 줄자를 배치하여 학생들이 직접 짝의 키를 재볼 수 있도록 합니다. 이때 길이를 재는 도구를 사용하지 않고 어림으로 구하는 친구는 그대로 인정해줍니다. 어림하거나 재서 알게 된 길이를 **cm**를 사용하여 표현합니다. 점프 과제를 모두 마치면 선생님이 직접 **2~3**명 학생의 키를 어림해보고, 직접 도구를 사용하여 재봅니다.

✏️ **준비물 : 줄자, 30cm 자**

○ **하브루타로 배운 내용 정리하기 – 3분**

짝과 함께 배운 내용을 정리해보는 시간입니다. 길이에 관한 내용, cm와 m, 생활 속에서 길이가 사용되는 경우, 수업 활동 중 어려웠던 점, 재미있었던 일, 아쉬운 일, 느낀 점 등을 이야기합니다.

○ **중요 단어 및 한 문장 정리 – 2분**

– 중요 단어 : 길이, 단위, cm, m

– 한 문장 정리 : 생활 속에서 길이의 단위인 cm를 찾고 직접 사용해보았다.

○ **생활에서 찾아보기 – 3분**

선생님의 키를 알아보며 길이 단위의 사용을 익혀보자.

1. 선생님의 키가 얼마쯤 될까요?

2. 선생님의 키를 어떻게 표현하면 좋을까요?

3. 선생님의 키를 어떻게 적으면 좋을까요?

꿀팁 앞의 질문에 cm를 사용하지 않고 대답하라고 하면 학생들은 자연스레 단위의 필요성을 알게 됩니다.

4. 길이 단위인 cm를 활용하여 선생님의 키를 표현해볼까요?

꿀팁 생활 속에서는 키를 말할 때, cm라는 길이 단위를 생략한 채 말합니다. 예를 들어 "너 키가 얼마니?"라고 물으면 "134요" 하고 대답합니다.

○ 과정중심평가 성취기준

1. 생활 속에서 길이가 사용됨을 이해할 수 있는가?

2. 짝과 협동하여 점프 과제를 해결하고, 해결 과정을 설명할 수 있는가?

3. 점프 과제 및 하브루타 활동에 적극적으로 참여하는가?

cm보다 큰 단위를
알 수 있어요

○ 학습 목표

cm보다 큰 단위 알아보기

○ 핵심 내용 − 10분

− cm보다 큰 단위 필요성 알기

숫자가 커지면 불편하기 때문입니다. 결국 길이를 편리하게 재기 위함
입니다.

− cm보다 큰 단위 알아보기

m, km에 대한 학생들의 다양한 의견을 경청합니다.

− 1m 알아보기

100cm=1m. 100cm를 m로 바꾸면 1m라 쓰고, 1미터라고 읽습니다.

− 키를 cm로, m와 cm로 나타내기

125cm=1m 25cm. 125cm는 1m 25cm로도 나타낼 수 있습니다.

○ 수학 역할극으로 궁금증 찾기 − 7분

두 사람의 대화에서 지윤의 궁금증을 찾아주세요.

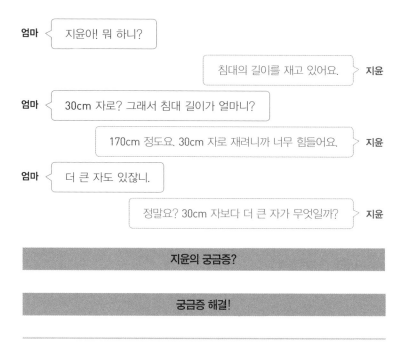

엄마 지윤아! 뭐 하니?

지윤 침대의 길이를 재고 있어요.

엄마 30cm 자로? 그래서 침대 길이가 얼마니?

지윤 170cm 정도요. 30cm 자로 재려니까 너무 힘들어요.

엄마 더 큰 자도 있잖니.

지윤 정말요? 30cm 자보다 더 큰 자가 무엇일까?

지윤의 궁금증?

궁금증 해결!

○ 점프 과제 해결하기 − 15분

짝꿍의 키를 재보고 길이를 cm와 m, cm로 나타내보세요.

꿀팁 1. 보건 선생님에게 양해를 구한 후 보건실의 키 재는 기구를 이용합니다.

2. 먼저 보건실에서 지켜야 할 예절을 지도합니다.

3. 선생님의 도움을 받아 키 재는 기구를 사용하여 짝꿍의 키를 잽니다.

4. 짝꿍의 키를 공책에 적습니다.

5. 교실로 돌아와 짝꿍의 키를 cm와 m, cm를 사용하여 나타냅니다.

○ 하브루타로 배운 내용 정리하기 – 3분

짝과 함께 배운 내용을 찾아 정리합니다. 그 내용은 cm와 m, 1m 읽고 쓰기, 수학 역할극 내용, 점프 과제 내용, 수업 활동 중 어려웠던 점, 재미있었던 일, 아쉬운 일, 느낀 점 등을 포함해야 합니다.

○ 중요 단어 및 한 문장 정리 – 2분

– 중요 단어 : cm보다 큰 단위, 1m, 100cm, m/cm

– 한 문장 정리 : cm보다 큰 단위인 m에 대해 배웠다.

○ 생활에서 찾아보기 – 3분

나무 사진을 통해 cm보다 큰 단위 익히기

✎ **준비물 : 어린이보다 큰 나무 사진**

꿀팁 스토리텔링으로 학생들의 관심을 유발하는 것도 좋은 방법입니다.

"숲을 산책하던 공주가 예쁜 나무를 발견했습니다. 공주는 '나와 키가 같을까?' 생각하며 재봤는데 더 컸습니다. '이 나무는 키가 얼마나 될까?' 생각하며 옆에 있는 팻말을 보았더니 **1m 40cm**라고 적혀 있었습니다."

○ 과정중심평가 성취기준

1. cm보다 큰 단위인 m를 이해할 수 있는가?

2. 짝과 협동하여 점프 과제를 해결하고, 해결 과정을 설명할 수 있는가?

3. 수학 역할극 및 하브루타 활동에 적극적으로 참여하는가?

3차시

1m가 어느 정도인지
알 수 있어요

○ **학습 목표**

1m 알아보기

○ **핵심 내용 – 10분**

– 1m 알아보기

10cm와 30cm로 1m 길이 만들기

– 1m 만들기

짝과 함께 교실 바닥과 복도에서 자유롭게 1m 만들기

○ **수학 역할극으로 궁금증 찾기 – 7분**

두 사람의 대화에서 서현의 궁금증을 찾아주세요.

서현 〈 엄마! 1m가 어느 정도 돼요?

(양손을 벌리며) 이 정도 되려나? 〉 엄마

서현 〈 더 짧을 것 같은데요?

엄마 > (양손을 더 작게 하며) 그럼, 이 정도?

서현 < 에이…. 1m의 길이를 쉽게 알 수 있는 방법은 무엇일까?

서현의 궁금증?

궁금증 해결!

○ 점프 과제 해결하기 – 15분

1m의 길이를 쉽게 알 수 있는 방법을 생각해보고, 짝과 함께 1m를 만들어보세요.

○ 하브루타로 배운 내용 정리하기 – 3분

짝과 함께 배운 내용을 찾아 정리합니다. 1m에 관한 내용, 수학 역할극 내용, 점프 과제 내용, 수업 활동 중 어려웠던 점, 재미있었던 일, 아쉬운 일, 느낀 점 등을 함께 이야기 나눕니다.

○ 중요 단어 및 한 문장 정리 – 2분

– 중요 단어 : 1m
– 한 문장 정리 : 1m의 길이를 어림하여 어느 정도인지 알아보았다.

○ 생활에서 찾아보기 – 3분

TV, 자동차, 휴대폰 사진으로 1m 길이 익히기

✏️ **준비물 : TV, 자동차, 휴대폰 사진**

꿀팁 TV, 자동차, 휴대폰 사진을 보여주며 길이가 1m에 가장 가까운 물건을 묻습니다. 그 후 물건들의 실제 길이를 알려주세요. 이런 방법으로 1m 길이 감각을 키울 수 있습니다.

○ 과정중심평가 성취기준

1. 1m의 길이를 이해할 수 있는가?

2. 짝과 협동하여 점프 과제를 해결하고, 해결 과정을 설명할 수 있는가?

3. 수학 역할극 및 하브루타 활동에 적극적으로 참여하는가?

길이의 합과 차
알아보기

O **학습 목표**

길이의 합과 차 알아보기

O **핵심 내용 − 10분**

– 길이의 합 지도하기

자연수의 합을 자릿값에 따라 더하는 것처럼 길이의 합도 m와 cm로 나누어 더합니다.

– 길이의 차 지도하기

자연수의 차를 자릿값에 따라 빼는 것처럼 길이의 차도 m와 cm로 나누어 뺍니다.

– 받아올림이 있는 길이의 합 지도하기

수는 10진법으로 일의 자리 수의 합이 10일 경우 십의 자리 수 1로 받아올림을 합니다. 길이는 어떻게 받아올림을 할까요? 1m=100cm이므로 cm 길이의 합이 100cm가 되면 1m로 받아올림합니다.

– 받아내림이 있는 길이의 차 지도하기

수는 일의 자리 수에서 뺄 수 없을 때 십의 자리 수 1을 일의 자리 수 10으로 받아내림하여 뺍니다. 길이는 어떻게 받아내림을 할까요? 1m=100cm이므로 cm에서 뺄 수 없을 때, 1m를 100cm로 받아내림하여 뺍니다.

○ 수학 역할극으로 궁금증 찾기 – 7분

세 사람의 대화에서 태희의 궁금증을 찾아주세요.

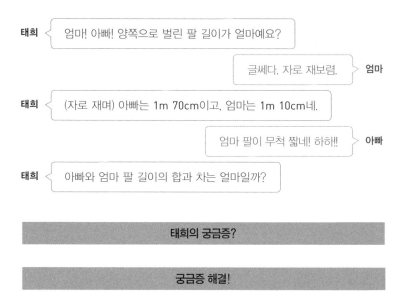

태희의 궁금증?

궁금증 해결!

○ 점프 과제 해결하기 – 15분

나와 짝꿍의 양쪽으로 벌린 팔 길이의 합과 차를 구해보세요.

꿀팁 길이의 합과 차를 계산할 때 받아올림과 받아내림이 있을 수 있으므로 선생님은 궤간순회를 통해 도움을 주도록 합니다.

○ 하브루타로 배운 내용 정리하기 - 3분

짝과 함께 배운 내용을 찾아 정리하는 시간입니다. 길이의 합과 차에 관한 내용, 수학 역할극 내용, 점프 과제 내용, 수업 활동 중 어려웠던 점, 재미있었던 일, 아쉬운 일, 느낀 점 등을 서로 이야기합니다.

○ 중요 단어 및 한 문장 정리 - 2분

– 중요 단어 : m와 ㎝, 1m=100㎝, 길이의 합과 차, 받아올림과 받아내림
– 한 문장 정리 : m와 ㎝를 활용한 길이의 합과 차를 배웠다.

○ 생활에서 찾아보기 - 3분

침대 사진으로 길이의 합과 차를 익혀보자. 침대의 가로 길이는 1m 30cm, 세로 길이는 2m 50cm입니다.

○ 과정중심평가 성취기준

1. 길이의 합과 차의 원리를 이해할 수 있는가?
2. 짝과 협동하여 점프 과제를 해결하고, 해결 과정을 설명할 수 있는가?
3. 수학 역할극 및 하브루타 활동에 적극적으로 참여하는가?

길이를 어림할 수 있어요

○ **학습 목표**

길이 어림하기

○ **핵심 내용 – 10분**

– 어림의 개념

실제 값에 가까운 수를 짐작으로 헤아리는 것입니다.

– 어림하기

기준을 정해 어림합니다. 한 뼘, 한 걸음, 양팔 사이의 거리 등을 기준으로 정해 이것으로 길이를 어림합니다.

내 양팔 사이의 거리가 1m라고 하면 칠판의 가로 길이를 어림할 수 있습니다. 칠판이 양팔 사이 거리의 4배 반 정도라면 4m 50cm라고 어림합니다.

– 어림하고 직접 재보기

여러 물건의 길이를 어림하고, 자로 직접 재봅니다. 이러한 과정을 반복하면 실제 값과 어림값을 비교하며 어림 감각을 키울 수 있습니다.

– 교실 밖에서 어림하기

　　운동장에 있는 물체의 길이 어림하기

　　(교육과정을 재구성하여 길이 단원의 어림하기 차시를 2차시로 구성, 1차시는

　　교실 안, 1차시는 교실 밖에서 실시할 수 있습니다.)

– 내 몸을 이용하여 어림할 때 주의점

　　단위 길이(한 뼘, 한 걸음, 양팔 사이 거리 등), 즉 기준을 같게 합니다.

○ 수학 역할극으로 궁금증 찾기 – 7분

두 사람의 대화에서 고은의 궁금증을 찾아주세요.

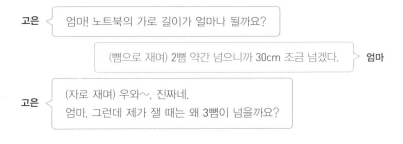

고은 〈 엄마! 노트북의 가로 길이가 얼마나 될까요?

(뼘으로 재며) 2뼘 약간 넘으니까 30cm 조금 넘겠다. 〉 엄마

고은 〈 (자로 재며) 우와~, 진짜네.
엄마, 그런데 제가 잴 때는 왜 3뼘이 넘을까요?

고은의 궁금증?

궁금증 해결!

○ 점프 과제 해결하기 – 15분

1. 짝과 함께 신문지로 5m를 만들어보세요. (교실 안 점프 과제)

2. 운동장에서 5m에 가장 가까운 물건을 찾아보세요. (교실 밖 점프 과제)

✏️ **준비물 : 신문지**

🍯팁 1. 이번 점프 과제는 자를 사용하지 않고 어림으로 **5m**를 만드는 것이 핵심입니다.

2. 교실 안 1차시 수업 때는 교실 안 점프 과제를, 교실 밖 1차시 수업 때는 교실 밖 점프 과제를 합니다.

3. 선생님은 궤간순회를 하며 학생들에게 충분한 도움을 줍니다.

○ 하브루타로 배운 내용 정리하기 – 3분

짝과 함께 배운 내용을 찾아 이야기 나눕니다. 길이의 어림에 관한 내용, 수학 역할극 내용, 점프 과제 내용, 수업 활동 중 어려웠던 점, 재미있었던 일, 아쉬운 일, 느낀 점 등을 서로 이야기합니다.

○ 중요 단어 및 한 문장 정리 – 2분

– 중요 단어 : 어림, 실제 값, 단위 길이

– 한 문장 정리 : 단위 길이(한 뼘, 한 걸음, 양팔 사이의 거리 등)를 기준으로 길이를 어림해보고 실제 값과 비교했다.

○ 생활에서 찾아보기 – 3분

학생들이 즐겁게 긴 줄넘기를 하는 사진을 가지고 길이의 어림을 익혀보자.

꿀팁 이때 선생님은 미리 긴 줄넘기 길이를 재서 정확한 길이를 알고 있어야 합니다.

○ 과정중심평가 성취기준

1. 길이의 어림을 이해할 수 있는가?

2. 짝과 협동하여 점프 과제를 해결하고, 해결 과정을 설명할 수 있는가?

3. 수학 역할극 및 하브루타 활동에 적극적으로 참여하는가?

4단원 시각과 시간

· 워밍업 활동

수업에 들어가기 전 이것만큼은 꼭!!!

시각과 시간은 무엇일까요? 시각과 시간은 어떻게 다를까요? 일반
적으로 시각은 시간의 한 시점을 의미합니다. 그리고 시간은 어떤
시각부터 어떤 시각까지 사이를 말합니다. 하지만 일상생활에서는
시각과 시간을 크게 구분하지 않고 사용하지요.

시각과 시간 단원에 들어가기 전 시각과 시간에 관한 다양한 이야
기를 해보는 것이 좋습니다.

우선 하루에 대해 알아볼까요? 하루는 몇 시간일까요? 24시간입니
다. 하루는 오전과 오후로 나누어져 있습니다. 각각 12시간이지요.
시계의 숫자가 1부터 12인 것도 바로 이 때문입니다. 오전과 오후
각 12시간씩, 24시간을 나타내기 위함이지요. 그런데 왜 12시간으
로 나눌까요? 그냥 24시간으로 해도 되는데 말이죠.

12라는 숫자를 발견한 사람들은 메소포타미아 문명을 이룩하였던
고대 수메르인 혹은 바빌로니아인들인데, 그들은 12라는 숫자를 신

성하게 여겨 12진법을 사용했다고 합니다. 그로 인해 시계에 12까지의 숫자가 사용된 것입니다.

인류 최초의 시계는 무엇일까? 바로 해시계입니다. 해시계는 태양의 움직임에 따라 생기는 그림자의 길이와 위치의 변화를 보고 시간을 알 수 있는 시계입니다. 최초의 해시계는 그노몬(gnomon)으로 BC 6세기 이집트 아낙시만드로스가 발명했습니다.

한편 오늘날의 시계에는 아날로그와 디지털, 2종류가 있습니다. 아날로그는 시곗바늘로 시각을 나타내고 디지털은 숫자로 시각을 나타냅니다. 아날로그 시계는 톱니바퀴가 맞물려 돌아가는 형태로 되어 있습니다. 처음에는 무거운 추를 이용하여 톱니바퀴가 돌아가게 했는데, 태엽이 발명되면서 태엽을 감아 그 힘으로 톱니바퀴를 움직이게 했습니다. 그리고 오늘날에는 태엽 대신 건전지를 사용하죠. 한편 디지털 시계는 숫자로 시간을 나타내기 때문에 아날로그 시계보다 시각을 알아보기가 더 쉽다는 장점이 있습니다.

이러한 시각과 시간에 관한 다양한 워밍업 활동은 학생들의 수학 교과에 대한 관심과 흥미를 불러일으키므로, 재미와 의미를 더한 수학시간을 만들 수 있습니다.

시각을 읽을 수 있어요

O **학습 목표**

　시각 읽기

O **핵심 내용 – 10분**

　– 모형 시계로 시계 구성요소 알아보기

　　시침과 분침을 알아보고, 시계에 표시된 눈금의 의미를 배웁니다.

　– 분침 알아보기

　　긴 바늘이 분침이고, 분침이 가리키는 작은 한 눈금이 '1분'을 의미함을
　　압니다. 또한 분침이 숫자 1(눈금 5개를 지나옴), 2(눈금 10개를 지나옴),
　　3(눈금 15개를 지나옴)을 가리키면 각각 5분, 10분, 15분을 나타낸다는
　　사실을 압니다.

　✎ **준비물 : 모형 시계**

O **수학 역할극으로 궁금증 찾기 – 7분**

　두 사람의 대화에서 인성의 궁금증을 찾아주세요.

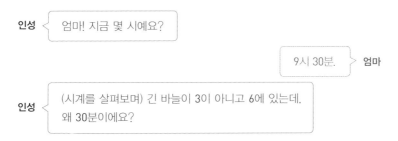

인성 〈 엄마! 지금 몇 시예요?

9시 30분. 〉 엄마

인성 〈 (시계를 살펴보며) 긴 바늘이 3이 아니고 6에 있는데,
왜 30분이에요?

인성의 궁금증?

시계의 긴 바늘이 6에 있으면, 왜 30분일까?

궁금증 해결!

시계에서 눈금 하나는 1분을 의미합니다. 따라서 숫자 1에 오려면 5 눈금을 지
나야 합니다. 2는 10 눈금… 따라서 6까지 오려면 30눈금을 지나야 하기 때문에
30분이지요.

○ 점프 과제 해결하기 – 15분

시계 그림을 보고 시각을 읽고 써보세요.

○ 하브루타로 배운 내용 정리하기 – 3분

짝과 함께 시각과 시간에 관한 내용, 시각 읽기, 수학 역할극 내용, 점프
과제 내용, 수업 활동 중 어려웠던 점, 재미있었던 일, 아쉬운 일, 느낀 점 등

을 이야기하며 배운 내용을 정리합니다.

○ 중요 단어 및 한 문장 정리 – 2분

– 중요 단어 : 시각, 분, 긴 바늘(분침), 짧은 바늘(시침)

– 한 문장 정리 : 긴 바늘인 분침이 분을 나타낸다는 사실을 알고, 시각을 읽고 써보았다.

○ 생활에서 찾아보기 – 3분

시계 그림으로 시각을 익혀보자.

> 꿀팁 4개의 시계 그림을 이용해 스토리텔링을 해보는 것은 어떨까요? 학생들이 4개의 시각에 맞게 이야기를 꾸며 짝과 선생님에게 들려주는 것도 좋지만, 학생들이 어려워한다면 선생님이 이야기를 만들어 들려줘도 괜찮습니다.

○ 과정중심평가 성취기준

1. 시각을 이해할 수 있는가?

2. 짝과 협동하여 점프 과제를 해결하고, 해결 과정을 설명할 수 있는가?

3. 수학 역할극 및 하브루타 활동에 적극적으로 참여하는가?

모형 시계로 놀아볼까요?

○ 학습 목표

모형 시계로 시계 놀이하기

○ 핵심 내용 – 10분

– 구체적인 시각을 모형 시계로 나타내기

몇 시 몇 분을 모형 시계로 나타냅니다. 예를 들어 10시 35분을 모형 시계로 나타낸다면, 짧은 바늘(시침)은 숫자 10과 11 사이를 가리키도록 하고 긴 바늘(분침)은 7을 가리키도록 합니다.

– 디지털 시계 보고 읽기

디지털 시계의 숫자를 보고 시각을 읽습니다. 8:35는 8시 35분입니다.

– 디지털 시계의 시각을 모형 시계로 나타내기

디지털 시계를 보고 그 시각을 모형 시계로 나타냅니다.

– 디지털 시계에서 오전과 오후 구분하기

디지털 시계 중에는 오전과 오후의 구분이 없는 경우도 있습니다. 이때 어떻게 오전과 오후로 구분할 수 있을지 학생들과 충분히 이야기를 나뉘봅니다.

✏️ 준비물 : 모형 시계, 디지털 시계

○ 수학 역할극으로 궁금증 찾기 – 7분

두 사람의 대화에서 하늘의 궁금증을 찾아주세요.

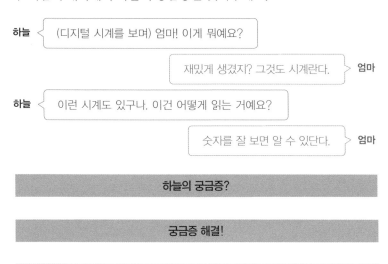

○ 점프 과제 해결하기 – 18분

하루 동안의 일을 모형 시계를 이용하여 시각을 나타내며 이야기로 만들어보세요. 단, 4번의 시각을 모형 시계로 나타내야 합니다.

꿀팁 1. 먼저 하루 동안의 일 중 4개의 일을 선택합니다.

      2. 4개의 일이 일어난 시각을 모형 시계로 나타냅니다.

      3. 4개의 일이 일어난 순서대로 이야기를 만듭니다.

4. 선생님은 돌아다니면서 도움이 필요한 학생에게 도움을 줍니다.

○ 하브루타로 배운 내용 정리하기 – 3분

짝과 함께 배운 내용을 찾아 정리하는 시간입니다. 시각, 모형 시계, 디지털 시계, 수학 역할극 내용, 점프 과제 내용, 수업 활동 중 어려웠던 점, 재미있었던 일, 아쉬운 일, 느낀 점 등을 이야기 나눕니다.

○ 중요 단어 및 한 문장 정리 – 2분

- 중요 단어 : 시각, 모형 시계, 디지털 시계, 하루 동안의 일
- 한 문장 정리 : 시각을 모형 시계로 나타내며 하루 동안의 일을 이야기로 꾸며보았다.

○ 과정중심평가 성취기준

1. 시각을 모형 시계로 나타낼 수 있는가?
2. 짝과 협동하여 점프 과제를 해결하고, 해결 과정을 설명할 수 있는가?
3. 수학 역할극 및 하브루타 활동에 적극적으로 참여하는가?

3차시

시간을 구할 수 있어요

○ **학습 목표**

시간 구하기

○ **핵심 내용 – 10분**

– 몇 시 몇 분 전 알아보기

3시 50분을 4시 10분 전이라고도 읽습니다.

– 짝이 말하는 시각을 모형 시계로 나타내기

9시 5분 전을 모형 시계로 나타낼 때는 8시 55분을 나타내면 됩니다. 4시 10분 전이라면 3시 50분을 나타냅니다.

– 몇 시 몇 분 전에 한 일 이야기해보기

"10시 20분 전에 쉬는 시간이 끝났다." "11시 10분 전에 중간놀이 시간을 가졌다." "11시 5분 전에 수업이 시작됐다." 이처럼 학생들과 몇 시 몇 분 전에 있었던 일들을 이야기해봅니다.

– 1시간 나타내기

모형 시계로 1시간을 나타냅니다. 1시간은 긴 바늘이 한 바퀴 도는 데 걸리는 시간입니다. 따라서 1시간은 60분입니다.

- 시간 구하기

시각과 시각 사이를 말합니다. 7시 15분에서 7시 50분까지의 시간은 35분입니다. 즉 끝나는 시각에서 시작하는 시각을 빼면 시간을 알 수 있습니다.

- 나만의 시간 구하기

집에서 학교까지 오는 데 걸리는 시간, 일기를 쓰는 데 걸리는 시간, 중간놀이 시간, 쉬는 시간 등을 구해봅니다.

- 나만의 시간 이야기 만들기

나만의 시간 이야기를 만들어봅니다.

"난 10시 25분에 중간놀이 시간을 가졌다. 친구들과 블록 쌓기도 하고, 공기 놀이도 하며 즐거운 시간을 보냈다. 10시 55분에 중간놀이 시간이 끝났지만 30분 동안 친구와 함께 즐거운 시간을 보낼 수 있어서 기뻤다."

✏️ **준비물 : 모형 시계**

⭕ 수학 역할극으로 궁금증 찾기 – 7분

두 사람의 대화에서 채은의 궁금증을 찾아주세요.

엄마 〈 채은아! 몇 시니?

(모형 시계 3시 50분을 살펴보며) 3시 50분이요 〉 **채은**

엄마 〈 4시 10분 전이네. 약속시간에 늦겠다.

4시 10분 전은 몇 시를 말하는 거지? 〉 채은

채은의 궁금증?

궁금증 해결!

○ 점프 과제 해결하기 – 15분

나의 하루 중 밥을 먹는 데 사용한 시간을 모두 구하세요. 단, 시각을 이용하여 시간을 구해야 합니다.

○ 하브루타로 배운 내용 정리하기 – 3분

짝과 함께 배운 내용을 찾아 정리합니다. 몇 시 몇 분 전, 시간, 시각, 수학 역할극 내용, 점프 과제 내용, 수업 활동 중 어려웠던 점, 재미있었던 일, 아쉬운 일, 느낀 점 등을 서로 이야기 나눕니다.

○ 중요 단어 및 한 문장 정리 – 2분

– 중요 단어 : 시간, 시각, 몇 시 몇 분 전

– 한 문장 정리 : 몇 시 몇 분 전과 시각을 이용해 시간 구하는 법을 배웠다.

○ 생활에서 찾아보기 – 3분

즐거운 가족 사진을 보며 시간의 개념을 익혀보자.

1. 가족들이 즐겁게 이야기 나누는 사진을 보여줍니다.

2. 이야기를 들려주고 채은이가 가족과 함께 이야기한 시간을 구합니다.

  "채은이는 7시부터 7시 20분까지 아침 식사시간에 엄마와 이야기를 합
  니다. 학교에 다녀와서 3시 20분부터 3시 50분까지 할머니께 학교 이
  야기를 들려드립니다. 저녁 식사 후, 6시 50분부터 7시 20분까지 아빠
  와 재미있는 이야기를 나눕니다."

3. 활동이 끝나면 가족들과 함께 이야기하는 시간을 많이 가질 수 있도록
  지도합니다.

✎ 준비물 : 가족들이 즐겁게 이야기 나누는 사진

○ 과정중심평가 성취기준

1. 몇 시 몇 분 전과 시간의 개념을 이해할 수 있는가?

2. 짝과 협동하여 점프 과제를 해결하고, 해결 과정을 설명할 수 있는가?

3. 수학 역할극 및 하브루타 활동에 적극적으로 참여하는가?

나의 하루 시간을
알 수 있어요

○ 학습 목표

나의 하루 시간 알아보기

○ 핵심 내용 – 10분

– 나의 하루 시간에 대하여 이야기하기

학생들의 하루 시간에 대한 다양한 이야기를 경청합니다.

– 하루의 시간

하루는 오전, 오후 12시간, 총 24시간입니다.

– 나의 하루 생활 계획표 만들어보기

선생님이 생활 계획표(원 모양이나 띠 모양)를 미리 만들어 보여주면, 학
생들도 자신의 생활 계획표를 만듭니다. 이때 실천할 수 있는 생활 계
획표를 만들도록 지도합니다.

○ 수학 역할극으로 궁금증 찾기 – 7분

두 사람의 대화에서 지상의 궁금증을 찾아주세요.

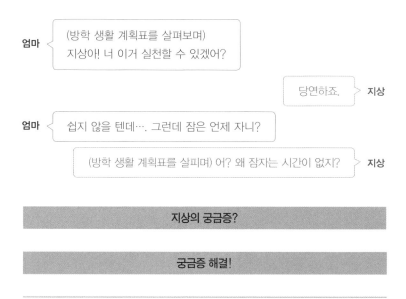

엄마　(방학 생활 계획표를 살펴보며)
지상아! 너 이거 실천할 수 있겠어?

당연하죠.　**지상**

엄마　쉽지 않을 텐데…. 그런데 잠은 언제 자니?

(방학 생활 계획표를 살피며) 어? 왜 잠자는 시간이 없지?　**지상**

지상의 궁금증?

궁금증 해결!

○ **점프 과제 해결하기 – 15분**

1. 나의 일요일 생활 계획표를 만들어보세요.

2. 나의 일요일 하루를 시각을 기준으로 이야기로 만들어보세요.

✎ **준비물 : 생활 계획표 양식**

○ **하브루타로 배운 내용 정리하기 – 3분**

짝과 함께 배운 내용을 정리하는 시간입니다. 하루 시간에 관한 내용, 생활 계획표, 수학 역할극 내용, 점프 과제 내용, 수업 활동 중 어려웠던 점, 재미있었던 일, 아쉬운 일, 느낀 점 등을 서로 이야기합니다.

○ 중요 단어 및 한 문장 정리 - 2분

- 중요 단어 : 하루 시간, 생활 계획표

- 한 문장 정리 : 실천할 수 있는 하루 생활 계획표를 만들어보았다.

○ 생활에서 찾아보기 - 3분

생활 계획표로 하루 시간을 익혀보자.

○ 과정중심평가 성취기준

1. 하루 시간을 이해할 수 있는가?

2. 짝과 협동하여 점프 과제를 해결하고, 해결 과정을 설명할 수 있는가?

3. 수학 역할극 및 하브루타 활동에 적극적으로 참여하는가?

달력에 숨어 있는 비밀 찾기

○ **학습 목표**

달력에 숨어 있는 비밀 알기

○ **핵심 내용 – 10분**

– 1주일은 7일, 1년은 12개월이라는 사실 알기

– 달력의 규칙 알기

규칙 1 : 7일마다 같은 요일이 반복됩니다.

규칙 2 : 오른쪽으로 갈수록 1씩 커집니다.

규칙 3 : 아래로 내려갈수록 7씩 커집니다.

– 요일 맞히기

7일마다 같은 요일이 반복된다는 규칙으로 달력을 보지 않아도 우리는 수요일에서 100일 후의 요일을 알 수 있습니다. 나눗셈의 몫과 나머지를 이용하는 것인데, $100 \div 7 = 14 \cdots 2$입니다. 몫 14는 14번의 수요일을 뜻하고, 나머지 2는 수요일에서 2일 더 지나면 100일 후의 요일이 된다는 뜻이지요. 즉, 수요일에서 100일 후의 요일은 금요일이 됩니다.

– 달력으로 할 수 있는 재미있는 놀이

달력 위에 3칸 3줄로 사각형을 그립니다. 그리고 사각형 안에 있는 9개의 수를 누가 더 빨리 더하는지를 겨룹니다. 머리셈과 순발력을 기르는 데 유익한 놀이입니다.

사실 여기에는 숨은 수학 규칙이 있습니다. 단 2초 만에 계산할 수 있는 꿀팁! 무엇일까요? 예를 들어 2+3+4+9+10+11+16+17+18=90이지만 가운데 수인 10에 9를 곱하면 10×9=90이 됩니다. 결과 값이 같지요? 이는 가운데 수를 중심으로 반대쪽에 있는 두 수의 합이 모두 가운데 수의 2배가 되는 규칙이 있기 때문입니다.

○ 수학 역할극으로 궁금증 찾기 – 7분

두 사람의 대화에서 효준의 궁금증을 찾아주세요.

엄마 효준아! 추석이 무슨 요일이니?

잘 몰라요. 달력 보세요. **효준**

엄마 음력 8월 1일이 목요일이니까 추석은 목요일이겠구나.

우왜! 진짜네.
엄마는 추석이 목요일이라는 것을 어떻게 알았을까? **효준**

엄마 힌트를 주면 추석은 음력 8월 15일이란다.

효준의 궁금증?

궁금증 해결!

○ 점프 과제 해결하기 – 15분

9월 달력을 보고 알 수 있는 내용을 모두 이야기하세요.

✎ 준비물 : 9월 달력

> **꿀팁** 교육과정 재구성을 통해 1차시를 확보하여 이 책의 413쪽에 있는 달력에 관한 이야기를 해줍니다. 왜 1년은 12개월인지? 왜 매달 30일과 31일이 반복되는 지? 왜 2월은 28일이 되었는지? 이러한 내용을 스토리텔링 형식으로 재미있게 들려주세요.

○ 하브루타로 배운 내용 정리하기 - 3분

짝과 함께 배운 내용을 찾아 이야기 나눕니다. 달력의 규칙 등 달력에 관한 내용, 수학 역할극 내용, 점프 과제 내용, 수업 활동 중 어려웠던 점, 재미있었던 일, 아쉬운 일, 느낀 점 등을 서로 이야기합니다.

○ 중요 단어 및 한 문장 정리 - 2분

- 중요 단어 : 달력, 규칙, 요일, 1주일=7일, 1년=12개월
- 한 문장 정리 : 달력에서 규칙을 찾아보았다.

○ 생활에서 찾아보기 - 3분

1월부터 12월까지 한 장에 모두 있는 달력을 보며 달력에 숨어 있는 비밀을 익혀보자.

1. 날수가 30일인 달과 31일인 달 찾아보기
2. 1년은 몇 개월이고, 1주일은 며칠인지 알아보기
3. 12달의 날 수를 더해 365일 계산해보기

  ✎ 준비물 : 1월부터 12월까지 한 장에 모두 있는 달력

○ 과정중심평가 성취기준

1. 달력에 관한 내용을 이해할 수 있는가?
2. 짝과 협동하여 점프 과제를 해결하고, 해결 과정을 설명할 수 있는가?
3. 수학 역할극 및 하브루타 활동에 적극적으로 참여하는가?

5단원 표와 그래프

· 워밍업 활동

수업에 들어가기 전 이것만큼은 꼭!!!

표와 그래프 단원에 들어가기 전 학생들에게 "표가 무엇일까?" "그래프가 무엇일까?"와 같은 질문을 던진 후 다양한 이야기를 나눠보세요. 그리고 표와 그래프를 그리기 위해서는 '자료'가 필요하다는 사실을 알려주세요. 자료는 연구, 조사의 바탕이 되는 재료로 가공되지 않은 상태의 다양한 정보입니다. 이 자료를 알아보기 쉽게 정리하는 방법이 바로 표와 그래프입니다. 표는 자료에 나타난 수량을 한눈에 알아보기 쉽게 만든 것이고, 그래프는 자료의 양이 많아 표로 수량을 비교하기가 쉽지 않을 때 사용하는 것입니다.

예를 들어볼까요? 학생들이 좋아하는 계절을 조사한 결과는 자료입니다. 이를 아래와 같이 봄여름가을겨울로 나누어 표로 정리하고, 다시 그래프로 나타내면 쉽게 조사 결과를 알 수 있습니다.

계절	봄	여름	가을	겨울
학생 수	4	8	5	7

학생 수 계절	봄	여름	가을	겨울
8		○		
7		○		○
6		○		○
5		○	○	○
4	○	○	○	○
3	○	○	○	○
2	○	○	○	○
1	○	○	○	○

표는 대체로 형식이 비슷하지만, 그래프는 막대로 나타내느냐, 그림으로 나타내느냐, 선으로 나타내느냐에 따라 막대그래프, 그림그래프, 꺾은선그래프가 됩니다. 초등학교 2학년에서는 ○, × 등의 모양으로만 그래프를 다루기 때문에 그림그래프, 막대그래프, 꺾은선그래프는 지도하지 않아도 됩니다.

그런데 표나 그래프를 왜 배울까요? 앞에서도 이야기했듯이 자료의 내용을 쉽게 파악할 수 있는 편리함 때문입니다. 특히 그래프는 복잡한 자료일수록 그 내용을 비교하는 데 더 편리하다는 사실을 지도해주세요. 그래프는 수가 가장 많은 것과 적은 것을 한눈에 알 수 있을 뿐만 아니라 개수에 따라 많은 것에서 적은 것까지 순서대로 나타내기도 쉽습니다. 또 어떤 것이 다른 것보다 얼마만큼 많은지도 쉽게 비교할 수 있습니다.

자료를 보고, 조사하여
표로 나타내기

○ **학습 목표**

자료를 보고, 조사하여 표로 나타내기

○ **핵심 내용 – 10분**

– 자료와 표의 개념

자료는 연구, 조사의 바탕이 되는 재료이고, 표는 자료를 알기 쉽게 정리한 것입니다. 초등학생 2학년의 이해를 위해서는 구체적인 활동이 도움이 됩니다. 예를 들어 모둠별로 남, 여가 섞여 있는 모습을 보여주며 자료의 개념을 설명합니다. 그리고 남학생은 오른쪽으로 여학생은 왼쪽으로 서게 한 후 그 수를 세고 남학생 수와 여학생 수를 알기 쉽게 칠판에 정리하면서 표의 개념을 알려줍니다. 설명이 좀 더 필요할 경우에는 칠판에 판서하며 학생들이 좋아하는 계절을 조사하고, 이를 표로 만듭니다.

○ **수학 역할극으로 궁금증 찾기 – 7분**

두 사람의 대화에서 수빈의 궁금증을 찾아주세요.

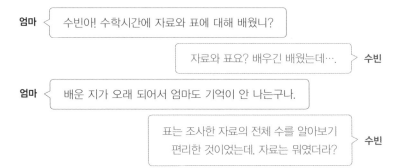

엄마 수빈아! 수학시간에 자료와 표에 대해 배웠니?

수빈 자료와 표요? 배우긴 배웠는데….

엄마 배운 지가 오래 되어서 엄마도 기억이 안 나는구나.

수빈 표는 조사한 자료의 전체 수를 알아보기 편리한 것이었는데, 자료는 뭐였더라?

수빈의 궁금증?

자료가 무엇일까?

궁금증 해결!

자료의 사전적 의미는 '연구나 조사의 바탕이 되는 재료'로 표를 만들기 위해 사전에 조사한 내용을 말합니다.

○ 점프 과제 해결하기 – 15분

1. 우리 반 학생들이 좋아하는 계절을 조사하세요.

2. 우리 반 학생들이 좋아하는 계절을 표로 나타내세요.

꿀팁 교육과정을 재구성하여 1차시는 점프 과제 1을, 2차시는 점프 과제 2를 할 수 있습니다.

○ 하브루타로 배운 내용 정리하기 – 3분

짝과 배운 내용을 함께 정리합니다. 자료의 개념, 표의 개념, 수학 역할극 내용, 점프 과제 내용, 수업 활동 중 어려웠던 점, 재미있었던 일, 아쉬운 일, 느낀 점 등을 서로 이야기합니다.

○ 중요 단어 및 한 문장 정리 – 2분

- 중요 단어 : 자료, 표, 조사하기
- 한 문장 정리 : 자료를 보고 정리해 표로 나타냈다.

○ 생활에서 찾아보기 – 3분

우리 학교 학생 수 현황판을 보고 자료와 표의 개념을 익혀보자.

✏️ **준비물 : 우리 학교 학생 수 현황판 사진**

꿀팁 "우리 학교의 학생 수는 모두 얼마일까?"를 묻고 학생들의 의견을 충분히 경청합니다. 다시 한 번 "우리 학교 남학생 수와 여학생 수는 얼마나 될까?"라는 질문으로 학생들의 이야기를 더 들어봅니다. 이제 '우리 학교 학생 수 현황판' 사진을 보고 남학생 수, 여학생 수, 그리고 전체 학생 수를 확인합니다. 이러한 과정을 통해 자료와 표의 개념을 한 번 더 익힙니다.

○ 과정중심평가 성취기준

1. 자료를 보고 정리하여 표로 나타냄을 이해할 수 있는가?
2. 짝과 협동하여 점프 과제를 해결하고, 해결 과정을 설명할 수 있는가?
3. 수학 역할극 및 하브루타 활동에 적극적으로 참여하는가?

자료를 조사하여 그래프로 나타내기

○ **학습 목표**

자료를 조사하여 그래프로 나타내기

○ **핵심 내용 – 10분**

– 그래프의 개념 알기

자료를 선, 막대, 그림 등을 사용하여 나타낸 것입니다. 자료를 그래프로 나타내면 수량의 크기를 비교하거나 수량의 변화를 한눈에 알아보기 쉽습니다. 그래프는 형태에 따라 막대그래프, 그림그래프, 꺾은선그래프 등이 있습니다.

– 그래프 그리는 방법 알기

1. 가로와 세로에 적을 내용을 정합니다. 예를 들어 가로에 좋아하는 과일, 세로에 학생 수를 적습니다.

2. 가로와 세로를 몇 칸으로 할지 정합니다. 과일의 종류가 몇 가지인지, 좋아하는 학생 수가 가장 많은 경우를 고려해 정합니다.

3. 무엇으로 표현할지 모양을 정합니다. (예를 들어 ○, □, △ 등)

4. 좋아하는 과일 칸에 이를 선택한 학생 수를 모양으로 표시합니다. 예를 들어 사과를 좋아하는 학생 수가 4명이면 ○를 4개 표시합니다.

5. 그래프의 제목을 적습니다. 이 경우 '우리 반 학생들이 좋아하는 과일'이 적당합니다.

○ 수학 역할극으로 궁금증 찾기 – 7분

두 사람의 대화에서 도경의 궁금증을 찾아주세요.

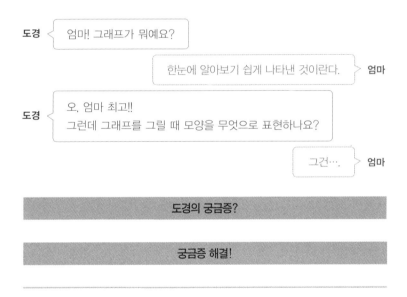

○ 점프 과제 해결하기 – 15분

전 차시에 만든 '우리 반 학생들이 좋아하는 계절'의 표를 보고 그래프로 나타내세요.

○ 하브루타로 배운 내용 정리하기 – 3분

짝과 함께 배운 내용을 정리합니다. 그래프의 개념, 그래프 그리는 방법, 수학 역할극 내용, 점프 과제 내용, 수업 활동 중 어려웠던 점, 재미있었던 일, 아쉬운 일, 느낀 점 등을 서로 이야기합니다.

○ 중요 단어 및 한 문장 정리 – 2분

– 중요 단어 : 표, 그래프

– 한 문장 정리 : 표를 보고 그래프를 그렸다.

○ 생활에서 찾아보기 – 3분

학생들이 좋아하는 간식에 관한 자료를 보고 표와 그래프를 그려보자.

> 학생들이 좋아하는 간식은?
> 떡볶이 5명, 아이스크림 7명, 젤리 3명, 과자 6명, 음료수 3명

○ 과정중심평가 성취기준

1. 표를 보고 그래프로 나타냄을 이해할 수 있는가?

2. 짝과 협동하여 점프 과제를 해결하고, 해결 과정을 설명할 수 있는가?

3. 수학 역할극 및 하브루타 활동에 적극적으로 참여하는가?

표와 그래프의 내용을
알 수 있어요

○ 학습 목표

표와 그래프의 내용 알아보기

○ 핵심 내용 – 10분

– 표와 그래프의 편리한 점

표는 조사한 자료별 수와 전체 수를 알기 쉽습니다.

그래프는 자료의 가장 많고 적은 것을 한눈에 알아보기 편리합니다.

– 표와 그래프의 내용 알아보기

1. 주어진 자료를 기준을 정해 분류하기 : 학생들이 좋아하는 계절, 학생들이 좋아하는 간식 등

2. 분류한 자료를 보고, 표와 그래프로 나타내기

3. 표와 그래프를 보고 알 수 있는 내용 찾기

○ 수학 역할극으로 궁금증 찾기 – 7분

두 사람의 대화에서 민결의 궁금증을 찾아주세요.

| 엄마 | 민결아! 간식으로 무엇을 해줄까? |

| | 먹는 것은 다 좋은데…. 오늘은 돈가스요. | 민결 |

| 엄마 | 그래. 금방 해줄게. |

| | (수학 익힘책을 보여주며) 엄마! 자료의 많고 적음을 한눈에 비교할 때는 표와 그래프 중 어느 것이 좋을까요? | 민결 |

민결의 궁금증?

궁금증 해결!

○ 점프 과제 해결하기 – 15분

다음의 표와 그래프를 보고 답하세요.

1. 자료의 가장 많고 적음을 알기 위해서는 표와 그래프 중 어느 것이 더 좋을까요?

2. 표와 그래프의 편리한 점을 말하세요.

생일날 받고 싶은 선물 표

선물	휴대폰	게임기	책	학용품	합계
학생 수	8	5	3	4	20

생일날 받고 싶은 선물 그래프

학생 수 \ 선물	휴대폰	게임기	책	학용품
8	○			
7	○			
6	○			
5	○	○		
4	○	○		○
3	○	○	○	○
2	○	○	○	○
1	○	○	○	○

○ 하브루타로 배운 내용 정리하기 – 3분

짝과 함께 배운 내용을 찾아 정리하는 시간입니다. 표와 그래프에 관한 내용, 수학 역할극 내용, 점프 과제 내용, 수업 활동 중 어려웠던 점, 재미있었던 일, 아쉬운 일, 느낀 점 등을 이야기합니다.

○ 중요 단어 및 한 문장 정리 – 2분

– 중요 단어 : 표와 그래프, 편리한 점, 표와 그래프의 내용
– 한 문장 정리 : 표와 그래프의 내용을 확인하면서 표와 그래프의 편리한 점을 알았다.

○ 생활에서 찾아보기 – 3분

학생들이 좋아하는 반려동물의 표와 그래프를 보고 그 내용을 알아보자.

좋아하는 반려동물 표

반려동물	강아지	앵무새	고양이	햄스터	합계
학생 수	10	6	3	6	25

좋아하는 반려동물 그래프

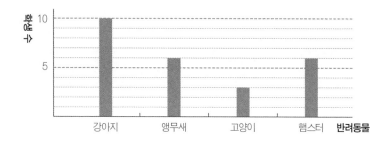

○ 과정중심평가 성취기준

1. 표와 그래프에 대하여 이해할 수 있는가?

2. 짝과 협동하여 점프 과제를 해결하고, 해결 과정을 설명할 수 있는가?

3. 수학 역할극 및 하브루타 활동에 적극적으로 참여하는가?

내가 만든 표와
그래프 어때요?

○ 학습 목표

자료를 조사하여 표와 그래프로 나타내기

○ 핵심 내용 – 10분

– 자료 조사하기

우리 반 학생들에게 좋아하는 과일을 조사하여 분류, 기록합니다.

– 표로 나타내기

우리 반 학생들이 좋아하는 과일을 조사한 자료를 정리해 표를 만듭니다.

– 그래프로 나타내기

만든 표를 보고 그래프를 그립니다.

– 조사한 자료를 표나 그래프로 나타내는 순서

1. 자료를 기준을 정해 비슷한 종류끼리 분류하기

2. 분류한 자료를 보고 표 만들기

3. 표를 보고 그래프 그리기

– 자료와 표, 그래프의 편리한 점

자료는 누가 무엇을 좋아하는지 알아보기 편리하다.

표는 조사한 자료의 전체 학생 수를 알기 편리하다.

그래프는 무엇을 몇 명이 좋아하는지 알아보기 편리하다.

− 그래프를 보고 내용 확인하기

우리 반 학생들의 과일 선호도를 알 수 있습니다. 이 내용은 어떤 의미가 있을까요? 만약에 학교 전체 학생을 대상으로 조사한 결과가 있다면 "학교 근처에 과일 가게를 연다면 어떤 과일을 주로 진열하면 좋을까요?"에 대답할 수 있을 것입니다. 바나나를 좋아하는 학생들이 많다면 바나나를 잘 보이는 곳에 진열해야 효과적이라는 결론을 내릴 수 있겠지요? 이처럼 표, 그래프와 같은 통계자료는 실제 생활에 도움을 줍니다.

○ 수학 역할극으로 궁금증 찾기 − 7분

두 사람의 대화에서 원준의 궁금증을 찾아주세요.

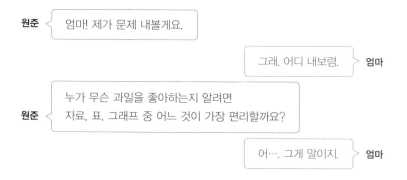

원준 엄마! 제가 문제 내볼게요.

엄마 그래. 어디 내보렴.

원준 누가 무슨 과일을 좋아하는지 알려면
자료, 표, 그래프 중 어느 것이 가장 편리할까요?

엄마 어…. 그게 말이지.

○ 점프 과제 해결하기 − 15분

1. 우리 반 학생들이 좋아하는 과일을 조사하여 표와 그래프로 나타내세요.

2. 누가 무슨 과일을 좋아하는지 알려면 자료, 표, 그래프 중 어느 것이 편리할까요?

3. 우리 반 학생들이 어떤 과일을 가장 좋아하는지 알려면 자료, 표, 그래프 중 어느 것이 편리할까요?

✎ **준비물 : 표, 그래프 만들기 양식**

꿀팁 본 차시는 교육과정을 재구성하여 2차시로 늘려 수업을 진행해도 됩니다.

○ 하브루타로 배운 내용 정리하기 − 3분

짝과 함께 배운 내용을 찾아 정리합니다. 자료, 표, 그래프의 편리한 점, 수학 역할극 내용, 점프 과제 내용, 수업 활동 중 어려웠던 점, 재미있었던 일, 아쉬운 일, 느낀 점 등을 서로 이야기합니다.

○ 중요 단어 및 한 문장 정리 − 2분

− 중요 단어 : 자료, 표, 그래프, 편리한 점

– 한 문장 정리 : 자료를 조사하여 표와 그래프로 나타내고 각각의 편리
한 점을 알아보았다.

○ 생활에서 찾아보기 – 3분

학생 혈액형 조사 자료, 표, 그래프를 보고 각각의 편리한 점을 알아보자.

혈액형 자료

1	2	3	4	5	6
A	B	AB	B	A	O
7	8	9	10	11	12
O	A	O	O	O	A
13	14	15	16	17	18
AB	O	B	O	A	B

혈액형 표

혈액형	A형	B형	O형	AB형	합계
학생 수	5	4	7	2	18

혈액형 그래프

혈액형 \ 학생 수	1	2	3	4	5	6	7
AB형	O	O					
O형	O	O	O	O	O	O	O
B형	O	O	O	O			
A형	O	O	O	O	O		

○ 과정중심평가 성취기준

1. 자료, 표, 그래프의 관계를 이해할 수 있는가?

2. 짝과 협동하여 점프 과제를 해결하고, 해결 과정을 설명할 수 있는가?

3. 수학 역할극 및 하브루타 활동에 적극적으로 참여하는가?

규칙 찾기

· 워밍업 활동

수업에 들어가기 전 이것만큼은 꼭!!!

초등학교 2학년 학생들에게 규칙 찾기를 가르칠 때는 시각적으로 보이는 간단한 것이 효과적입니다. 예를 들어 덧셈표나 곱셈표, 무늬에서 규칙을 찾아보는 활동이 있는데요.

+	0	1	2	3	4	5	6	7	8	9
0	0	1	2	3	4	5	6	7	8	9
1	1	2	3	4	5	6	7	8	9	10
2	2	3	4	5	6	7	8	9	10	11
3	3	4	5	6	7	8	9	10	11	12
4	4	5	6	7	8	9	10	11	12	13
5	5	6	7	8	9	10	11	12	13	14
6	6	7	8	9	10	11	12	13	14	15
7	7	8	9	10	11	12	13	14	15	16
8	8	9	10	11	12	13	14	15	16	17
9	9	10	11	12	13	14	15	16	17	18

덧셈표를 살펴보면 같은 줄에서 오른쪽으로 갈수록, 아래쪽으로 내

려갈수록 1씩 커지는 규칙이 있습니다.

×	1	2	3	4	5	6	7	8	9
1	1	2	3	4	5	6	7	8	9
2	2	4	6	8	10	12	14	16	18
3	3	6	9	12	15	18	21	24	27
4	4	8	12	16	20	24	28	32	36
5	5	10	15	20	25	30	35	40	45
6	6	12	18	24	30	36	42	48	54
7	7	14	21	28	35	42	49	56	63
8	8	16	24	32	40	48	56	64	72
9	9	18	27	36	45	54	63	72	81

곱셈표를 살펴보면 같은 줄에서 오른쪽으로 갈수록, 아래쪽으로 내려갈수록 일정한 수만큼 커지는 규칙이 있습니다.

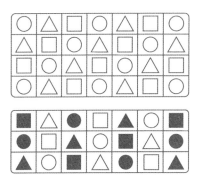

이번에는 무늬를 살펴볼까요? 첫 번째 무늬를 보면 원, 삼각형, 사각형 무늬가 반복되는 규칙이 있고, ╱ 방향으로 똑같은 모양이 반복되고 있습니다.

두 번째 무늬는 ╱ 방향으로 같은 모양이 없고, ╲ 방향으로는 같은 모양이 반복되는 규칙이 있습니다. 그리고 ↓ 방향으로 같은 색깔이 반복됩니다.

실생활에서 사용하는 달력에서도 규칙을 찾을 수 있습니다. 7일마다 같은 요일이 반복되고, 오른쪽으로 갈수록 1씩 커지고, 아래로 내려갈수록 7씩 커지는 규칙이 있지요.

다음과 같은 깜짝 퀴즈를 내고 함께 해결해보는 것으로 재미와 의미를 더한 수학시간을 만들 수 있습니다.

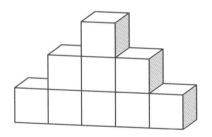

그림과 같은 규칙에 따라 쌓기 나무를 쌓았습니다. 쌓기 나무를 4층으로 쌓으려면 모두 몇 개가 필요할까요? 정답은 16개입니다.

무늬를 만들 수 있어요

○ 학습 목표

규칙에 따라 무늬 만들기

○ 핵심 내용 – 10분

- 반복되는 무늬 찾아보기

  교실에서 반복되는 무늬를 찾아봅니다. 학생들이 입고 있는 옷, 양말에서, 혹은 필통이나 공책 등 학용품에서 찾습니다. 과속방지턱 색깔, 신호등 등 생활 속에서 반복되는 무늬도 찾아봅니다.

- 반복되는 무늬와 가까운 수학적 용어 사용하기

  똑같은 모양이 일정하게 반복되는 것을 '규칙'이라 합니다.

- 무늬를 보고 규칙 말하기

  옷 무늬, 과속방지턱, 신호등 사진을 보고 규칙을 말합니다.

- 내가 만들 옷의 무늬 만들어보기

  내가 미래에 만들고 싶은 옷의 규칙적인 무늬를 그려봅니다.

○ 수학 역할극으로 궁금증 찾기 – 7분

두 사람의 대화에서 유빈의 궁금증을 찾아주세요.

유빈의 궁금증?
옷에 무슨 규칙이 있을까?
궁금증 해결!

규칙이란? 똑같은 수, 모양, 무늬 등이 일정하게 반복되는 것입니다. 옷에는 똑같은 무늬(사각형, 마름모나 꽃무늬 등)가 일정하게 반복되는 경우가 많습니다.

○ 점프 과제 해결하기 – 15분

1. 양말과 수박 사진을 보고, 반복되는 무늬를 찾아보세요.

2. 짝과 함께 규칙에 따라 무늬를 만들어보세요.

✏️ **준비물 : 규칙적인 무늬가 있는 양말, 수박 사진**
　　　　색연필, 크레파스, 도화지(학기 초 미술 학습 자료로 구입)

꿀팁 점프 과제 2를 해결할 때는 색연필이나 크레파스로 직접 그림을 그려 무 늬를 만듭니다. 무늬를 다 그렸다면 그림을 보고 규칙을 설명합니다.

○ 하브루타로 배운 내용 정리하기 – 3분

짝과 함께 배운 내용을 정리합니다. 무늬 찾기, 무늬 만들기, 규칙의 개 념, 규칙 찾고 만들기, 수학 역할극 내용, 점프 과제 내용, 수업 활동 중 어려 웠던 점, 재미있었던 일, 아쉬운 일, 느낀 점 등을 서로 이야기합니다.

○ 중요 단어 및 한 문장 정리 – 2분

  – 중요 단어 : 규칙, 무늬, 무늬 찾기, 무늬 만들기

  – 한 문장 정리 : 무늬에서 규칙을 찾아보고, 규칙이 있는 무늬를 만들었다.

○ 생활에서 찾아보기 – 3분

보도블록과 포장지 사진에서 규칙을 찾아보자.

  ✎ **준비물 : 보도블록, 포장지 사진**

○ 과정중심평가 성취기준

  1. 규칙에 따라 무늬 만들기를 이해할 수 있는가?

  2. 짝과 협동하여 점프 과제를 해결하고, 해결 과정을 설명할 수 있는가?

  3. 수학 역할극 및 하브루타 활동에 적극적으로 참여하는가?

규칙을 찾을 수 있어요

O **학습 목표**

규칙을 찾기

O **핵심 내용 – 10분**

– 덧셈표에서 규칙 찾기

같은 행에서 아래쪽으로 갈수록 1씩 커진다.

같은 행에서 위쪽으로 갈수록 1씩 작아진다.

같은 줄에서 오른쪽으로 갈수록 1씩 커진다.

같은 줄에서 왼쪽으로 갈수록 1씩 작아진다.

╱ 방향으로 같은 수들이 있다.

– 곱셈표에서 규칙 찾기

각 단의 아래쪽, 오른쪽으로 갈수록 단의 수만큼 커진다.

5단 곱셈구구는 일의 자리 숫자가 5와 0이 반복된다.

2, 4, 6, 8단 곱셈구구에 있는 수는 모두 짝수이다.

1에서 81까지 대각선(╲)을 중심으로 접으면 만나는 수가 같다.

+	0	1	2	3	4	5	6	7	8	9
0	0	1	2	3	4	5	6	7	8	9
1	1	2	3	4	5	6	7	8	9	10
2	2	3	4	5	6	7	8	9	10	11
3	3	4	5	6	7	8	9	10	11	12
4	4	5	6	7	8	9	10	11	12	13
5	5	6	7	8	9	10	11	12	13	14
6	6	7	8	9	10	11	12	13	14	15
7	7	8	9	10	11	12	13	14	15	16
8	8	9	10	11	12	13	14	15	16	17
9	9	10	11	12	13	14	15	16	17	18

×	1	2	3	4	5	6	7	8	9
1	1	2	3	4	5	6	7	8	9
2	2	4	6	8	10	12	14	16	18
3	3	6	9	12	15	18	21	24	27
4	4	8	12	16	20	24	28	32	36
5	5	10	15	20	25	30	35	40	45
6	6	12	18	24	30	36	42	48	54
7	7	14	21	28	35	42	49	56	63
8	8	16	24	32	40	48	56	64	72
9	9	18	27	36	45	54	63	72	81

○ 수학 역할극으로 궁금증 찾기 – 7분

두 사람의 대화에서 우진의 궁금증을 찾아주세요.

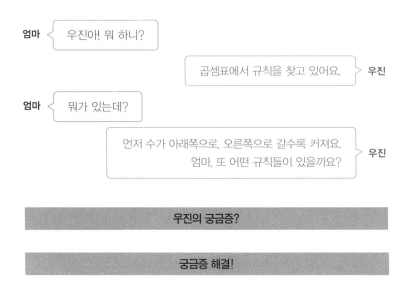

○ 점프 과제 해결하기 – 15분

1. 덧셈표와 곱셈표를 보고 규칙을 찾아보세요.

2. 짝과 함께 규칙을 정해 새로운 덧셈표와 곱셈표를 만들어보세요.

꿀팁 학생들이 어려워할 경우에는 슬쩍 힌트를 주세요. 미리 준비한 짝수 곱셈표, 홀수 곱셈표 등을 예시로 활용해도 됩니다.

○ 하브루타로 배운 내용 정리하기 – 3분

짝과 함께 배운 내용을 찾아 정리하는 시간입니다. 규칙 찾기, 덧셈표, 곱셈표, 수학 역할극 내용, 점프 과제 내용, 수업 활동 중 어려웠던 점, 재미있었던 일, 아쉬운 일, 느낀 점 등을 이야기합니다.

○ 중요 단어 및 한 문장 정리 – 2분

　– 중요 단어 : 덧셈표, 곱셈표, 규칙 찾기

　– 한 문장 정리 : 덧셈표와 곱셈표에서 규칙을 찾았다.

○ 생활에서 찾아보기 – 3분

달력을 보고 규칙을 찾아봅시다.

○ 과정중심평가 성취기준

1. 덧셈표와 곱셈표에서 규칙 찾기를 이해할 수 있는가?

2. 짝과 협동하여 점프 과제를 해결하고, 해결 과정을 설명할 수 있는가?

3. 수학 역할극 및 하브루타 활동에 적극적으로 참여하는가?

생활 속에서
규칙을 찾아 말하기

○ **학습 목표**

　생활 속에서 규칙을 찾아 말하기

○ **핵심 내용 – 10분**

　– 엘리베이터 안에서 규칙 찾기

　　엘리베이터 안에 있는 층 버튼을 보고 규칙을 찾아봅니다. 위로 올라갈
　　수록 1씩 커지고, 아래로 내려올수록 1씩 작아지는 규칙을 찾을 수 있습
　　니다. 좌우로 수가 얼마씩 커지고 작아지는 규칙을 찾을 수도 있습니다.

　– 계단에서 규칙 찾기

　　층마다 계단의 개수가 반복됩니다.

　– 시계에서 규칙 찾기

　　시계 방향으로 1부터 12까지 1씩 커집니다. 각 숫자 사이는 5분을 의미
　　합니다.

　– 수저에서 규칙 찾기

　　수저를 놓을 때는 숟가락 1개와 젓가락 2개가 짝을 이뤄 반복적으로 놓

입니다.

– 아파트 비상계단의 층 표시에서 규칙 찾기

위쪽에 있는 숫자는 위층, 아래쪽에 있는 숫자는 아래층을 의미합니다.

한 층 올라갈 때마다 1씩 커지고, 한 층 내려갈 때마다 1씩 작아집니다.

– 계절에서 규칙 찾기

봄, 여름, 가을, 겨울이 반복됩니다.

✎ 준비물 : 엘리베이터 층 버튼, 계단, 시계, 수저, 아파트 비상계단의
층 표시 사진

○ 수학 역할극으로 궁금증 찾기 – 7분

두 사람의 대화에서 재원의 궁금증을 찾아주세요.

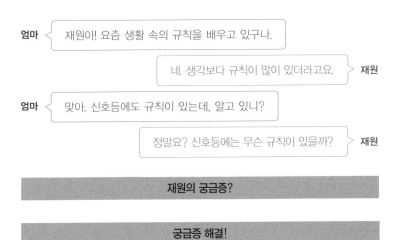

엄마 재원아! 요즘 생활 속의 규칙을 배우고 있구나.

네. 생각보다 규칙이 많이 있더라고요. **재원**

엄마 맞아. 신호등에도 규칙이 있는데, 알고 있니?

정말요? 신호등에는 무슨 규칙이 있을까? **재원**

재원의 궁금증?

궁금증 해결!

○ 점프 과제 해결하기 – 18분

생활 속에서 규칙을 2개 찾아보세요. 단, 다른 모둠과 다른 규칙을 찾아야 합니다.

○ 하브루타로 배운 내용 정리하기 – 3분

짝과 함께 배운 내용을 찾아봅니다. 생활 속 규칙에 관한 내용, 수학 역할극 내용, 점프 과제 내용, 수업 활동 중 어려웠던 점, 재미있었던 일, 아쉬운 일, 느낀 점 등을 이야기하며 정리합니다.

○ 중요 단어 및 한 문장 정리 – 2분

- 중요 단어 : 규칙, 신호등, 계절, 계단, 시계, 수저, 엘리베이터
- 한 문장 정리 : 신호등, 계절, 달력 등에서 규칙을 찾았다.

○ 과정중심평가 성취기준

1. 생활 속에서 규칙을 찾고 이해할 수 있는가?
2. 모둠원과 협동하여 점프 과제를 해결하고, 해결 과정을 설명할 수 있는가?
3. 수학 역할극 및 하브루타 활동에 적극적으로 참여하는가?

똑같은 모양으로
쌓을 수 있어요

○ **학습 목표**

　똑같은 모양으로 쌓기

○ **핵심 내용 – 10분**

　– 똑같은 모양으로 쌓기 위해 필요한 것 알기

　　똑같은 모양으로 쌓기 위해서는 층 수, 쌓기 나무의 총 수 등을 알아야

　　합니다.

　– 선생님과 함께 쌓기 놀이하기

　　1. 다양한 모양으로 쌓은 쌓기 나무 보여주기

　　2. 가림판으로 가리기

　　3. 똑같은 모양으로 쌓기 나무 쌓기

　　4. 확인하기

　✎ **준비물 : 가림판(혹은 검은 도화지)**

두 사람의 대화에서 기태의 궁금증을 찾아주세요.

엄마 기태야! 뭐 하니?

쌓기 나무 놀이를 하고 있어요. **기태**

엄마 엄마도 같이 하자. (쌓기 나무를 쌓은 후)
이건 쌓기 나무가 몇 개일까?

너무 쉬운데. 5개요. **기태**

엄마 땡! 숨어 있는 쌓기 나무를 찾아보렴.

5개 맞는데…. 쌓기 나무가 어디에 숨어 있을까? **기태**

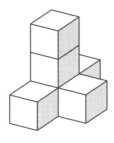

기태의 궁금증?

궁금증 해결!

○ 점프 과제 해결하기 – 15분

짝과 함께 쌓기 나무 놀이하기

1. 쌓기 나무 6개로 모양을 만듭니다.
2. 가림판으로 가린 다음 짝에게 말로 설명합니다.
3. 짝의 설명을 듣고 쌓기 나무를 쌓습니다.
4. 똑같이 쌓았는지 확인합니다.

> **꿀팁** 점프 과제가 끝나면, 선생님과 똑같은 방법으로 쌓기 나무 놀이를 해봅니다.

○ 하브루타로 배운 내용 정리하기 – 3분

짝과 함께 쌓기 나무에 관한 내용, 수학 역할극 내용, 점프 과제 내용, 수업 활동 중 어려웠던 점, 재미있었던 일, 아쉬운 일, 느낀 점 등을 이야기하며 배운 내용을 정리합니다.

○ 중요 단어 및 한 문장 정리 – 2분

- 중요 단어 : 쌓기 나무, 쌓기, 똑같음, 놀이
- 한 문장 정리 : 쌓기 나무로 똑같이 쌓는 놀이를 했다.

○ 생활에서 찾아보기 – 3분

건물 벽 사진을 보며 똑같은 모양으로 쌓기를 익혀보자.

✏ **준비물 : 벽돌로 쌓은 건물 벽 사진**

○ **과정중심평가 성취기준**

1. 똑같은 모양으로 쌓음을 이해할 수 있는가?

2. 짝과 협동하여 점프 과제를 해결하고, 해결 과정을 설명할 수 있는가?

3. 수학 역할극 및 하브루타 활동에 적극적으로 참여하는가?

쌓기 나무로 생활 속 물건 만들기

○ 학습 목표

쌓기 나무로 생활 속 물체나 물건 만들기

○ 핵심 내용 – 10분

– 여러 가지 모양을 만들기 위해 생각해야 할 것 알아보기

1. 무엇을 만들까? 만들고자 하는 물건이나 물체를 생각합니다.

2. 어떻게 만들까? 구체적인 모양과 쌓기 방법을 생각합니다.

3. 쌓기 나무가 몇 개 필요할까? 쌓는 데 필요한 쌓기 나무의 개수를 파악합니다.

– 여러 가지 모양 만들기

쌓기 나무 6개로 혹은 4개로 자동차를 만듭니다.

쌓기 나무 5개로 시상대를 만듭니다.

쌓기 나무 6개로 계단을 만듭니다.

쌓기 나무 8개로 탑을 만듭니다.

✏️ **준비물 : 쌓기 나무**

○ 수학 역할극으로 궁금증 찾기 – 7분

두 사람의 대화에서 제하의 궁금증을 찾아주세요.

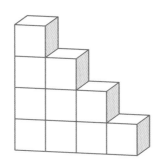

제하의 궁금증?

궁금증 해결!

○ 점프 과제 해결하기 – 15분

생활 속 여러 가지 물건이나 물체 중에서 2가지를 골라 쌓기 나무로 만들어보세요.

> **꿀팁** 학생들이 무엇을 만들지를 정하지 못해 갈팡질팡하고 있다면 자동차, 아파트, 탑, 모자, 의자 등 물건을 제시해주세요.

○ 하브루타로 배운 내용 정리하기 – 3분

짝과 함께 쌓기 나무로 물건이나 물체 만들기에 관한 내용, 수학 역할극 내용, 점프 과제 내용, 수업 활동 중 어려웠던 점, 재미있었던 일, 아쉬운 일, 느낀 점 등을 이야기하며 배운 것을 정리합니다.

○ 중요 단어 및 한 문장 정리 – 2분

- 중요 단어 : 쌓기 나무, 모양, 물건이나 물체 만들기
- 한 문장 정리 : 모양을 생각하며 쌓기 나무로 물건이나 물체를 만들었다.

○ 생활에서 찾아보기– 3분

쌓기 나무로 만든 노트북을 보고 여러 가지 모양 만들기를 익혀보자.

1. 쌓기 나무로 만든 노트북을 그림이나 사진 혹은 실물로 보여줍니다.
2. "선생님이 무엇을 만들었을까?" 질문합니다.
3. 학생들의 의견을 경청합니다.
4. "쌓기 나무 몇 개로 만들었을까?" 추가로 질문합니다.
5. 학생들의 의견을 바탕으로 배운 내용을 정리합니다.

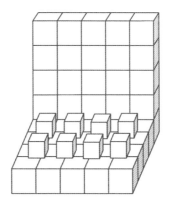

○ **과정중심평가 성취기준**

　1. 쌓기 나무로 여러 가지 모양 만들기를 이해할 수 있는가?

　2. 짝과 협동하여 점프 과제를 해결하고, 해결 과정을 설명할 수 있는가?

　3. 수학 역할극 및 하브루타 활동에 적극적으로 참여하는가?

쌓기 나무를 보고, 규칙을 찾을 수 있어요

○ 학습 목표

쌓기 나무를 보고 규칙 찾기

○ 핵심 내용 – 10분

– 규칙의 개념

규칙은 똑같은 것이 일정하게 반복되는 것입니다.

– 모형에서 규칙 찾기

모형 그림을 살펴보고 규칙을 찾습니다.

1. 모형의 수를 세어보고 규칙을 찾습니다.

2. 가로와 세로의 수를 세어보고 규칙을 찾습니다.

3. 다섯 번째 모형의 그림을 그립니다.

  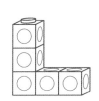 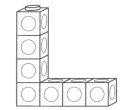

- 쌓기 나무에서 규칙 찾기

쌓기 나무를 살펴보고 규칙을 찾습니다.

1. 쌓기 나무의 수를 세어보고 규칙을 찾습니다.

2. 가로와 세로의 쌓기 나무의 모양을 살펴보고 규칙을 찾습니다.

3. 네 번째 쌓기 나무의 그림을 그립니다.

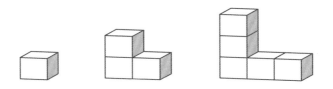

○ 수학 역할극으로 궁금증 찾기 – 7분

두 사람의 대화에서 준우의 궁금증을 찾아주세요.

(※핵심 내용의 쌓기 나무 그림 참고)

준우 엄마! (쌓기 나무 모양을 보여주며) 네 번째는 어떻게 쌓아야 할까요?

엄마 (쌓기 나무를 쌓으며) 이렇게 하면 되지.

준우 엄마, 어떻게 알았어요?

엄마 엄만 천재거든. 호호호

준우 엄마는 네 번째 쌓기 나무 모양을 어떻게 알 수 있었을까?

○ 점프 과제 해결하기 – 15분

주어진 쌓기 나무나 모형 세트로 각각 2개의 규칙을 만들어보세요.

✎ 준비물 : 쌓기 나무 및 모형 세트(학기 초 학습 준비물로 구입)

○ 하브루타로 배운 내용 정리하기 – 3분

짝과 함께 쌓기 나무로 규칙 만들기, 모형 세트로 규칙 만들기, 수학 역할극 내용, 점프 과제 내용, 수업 활동 중 어려웠던 점, 재미있었던 일, 아쉬운 일, 느낀 점 등을 이야기하며 배운 내용을 정리합니다.

○ 중요 단어 및 한 문장 정리 – 2분

– 중요 단어 : 규칙, 쌓기 나무, 모형 세트

– 한 문장 정리 : 쌓기 나무와 모형 세트로 규칙을 만들었다.

○ 생활에서 찾아보기 – 3분

아파트 비상계단의 층 표시로 규칙을 익혀보자.

✎ 준비물 : 아파트 비상계단의 층 표시 사진

○ 과정중심평가 성취기준

1. 쌓기 나무를 보고 규칙 찾기를 이해할 수 있는가?

2. 짝과 협동하여 점프 과제를 해결하고, 해결 과정을 설명할 수 있는가?

3. 수학 역할극 및 하브루타 활동에 적극적으로 참여하는가?

생활 속에는 어떤 수학이?

텔레비전, 냉장고, 세탁기, 침대, 컴퓨터, 책상, 액자, 문 등등. 우리의 생활환경을 살펴보면 사각형 모양인 물건들이 많습니다. 왜 그럴까요? 우리 주위에 유독 사각형 모양으로 만들어진 물건들이 많은 이유는 공간을 효율적으로 사용하기 위해서입니다. 만약 우리 집 텔레비전, 냉장고, 침대가 원이나 삼각형 모양이라면 어떨까요? 둥근 텔레비전, 냉장고는 집 안을 굴러다니고, 삼각형 침대에서는 다리도 못 뻗고 자야 할 거예요. 많은 물건들이 사각형인 이유는 물건들끼리 붙여 놓을 때 빈틈이 없고 안정적이기 때문입니다.

그렇다면 창문은 어떨까요? 왜 삼각형 창문은 없을까요? 창문을 삼각형 모양으로 만드는 데는 일단 시간이 많이 걸립니다. 또 같은 크기의 유리 재료를 삼각형 모양으로 만들면 재료가 낭비되고, 같은 크기의 공간에 창문을 만들 때 삼각형은 사각형에 비해 시야가 좁아 불편하지요. 이런 여러 가지 이유로 삼각형 창문을 만들지 않는 거랍니다.

그럼, 삼각형과 사각형 중 가장 안정적인 도형은 무엇일까요? 사각형이라고요? 아닙니다. 가장 안정적인 도형은 바로 삼각형입니다. 과학 실험 시간에 알코올램프 위에 유리 용기를 올려놓는 삼발이를 본 적이 있을 거예요. 불을 사용해 액체를 가열하는 위험한 실험인데 다리가 3개인 삼발이를 사용하는 것을 보면 얼마나 안정적인지 짐작할 수 있습니다. 고가의 카메라를 올려놓고 사진을 찍는 삼각대도 다리가 3개이지요.

상식적으로는 다리가 4개나 5개일 때 더 안정적일 것 같은데 왜 3개가 더 안정적이라고 할까요? 이유는 3개의 다리가 찍고 있는 3개의 점이 하나의 보이지 않는 평면을 만들기 때문입니다. 즉, 울퉁불퉁한 땅에 서 있어도 다리 3개가 모두 땅에 닿아 있는 것이지요. 마치 평평한 땅에 서 있는 것처럼 평면을 만들어 균형을 잡습니다. 아래 그림을 보면 좀 더 이해하기 쉬울 거예요.

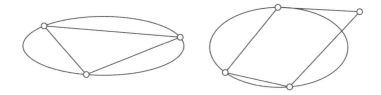

삼각형은 어떤 모양을 하고 있어도 세 꼭짓점을 통과하는 원을 그릴 수 있지만, 사각형은 네 꼭짓점을 모두 통과하는 원을 그리기가 쉽지 않습니다. 그래서 사각형은 삼각형에 비해 안정적이지 못합니다. 다리가 4개인 의자보다 다리가 3개인 의자가 삐거덕거리지 않고 안정적인 이유가 바로 이것이지요.

2월 달력에 숨은 비밀은?

    달력을 보다 왜 2월만 다른 달보다 짧은 28일인지 이유를 궁금해 한 적이 없나요? 현재와 같은 달력은 로마의 율리우스 카이사르 시대에 만들어졌는데, 사실 당시에는 홀수 달은 31일, 짝수 달은 30일로 하는 것을 원칙으로 하고, 2월만 평년에는 29일 윤년에는 30일로 맞춰져 있었답니다. 그런데 아우구스투스 황제가 자신의 업적을 기리는 달인 8월(August)이 율리우스의 업적을 기리는 달인 7월(July)보다 하루 짧은 것을 못마땅하게 여겨 2월에서 하루를 빼내 8월에 하루를 더하도록 명령했고, 그 후로 2월은 28일이 되었답니다.

	아우구스투스 이전	아우구스투스 이후
1월	31일	30일
2월	29(30)일	28(29)일
3월	31일	31일
4월	30일	30일
5월	31일	31일
6월	30일	30일
7월	31일	31일

8월	30일	31일
9월	31일	30일
10월	30일	31일
11월	31일	30일
12월	30일	31일

달력에 있는 달의 일수가 한 나라의 황제에 의해 좌지우지되었다니! 그 당시 황제의 권위와 위엄이 얼마나 대단하였을지 짐작할 수 있습니다.

그렇다면 왜 2월은 4년에 한 번씩 29일이 되는 걸까요? 로마인들은 달의 움직임에 맞춰 달력을 만들었기 때문에 1년이 355일이었습니다. 그러다 기원전 45년 율리우스 카이사르가 지구의 공전을 기준으로 누마의 달력을 수정, 1년은 365.25일이 되었습니다. 그는 홀수달은 31일, 짝수달은 30일로 정하였지만, 그러면 1년이 366일 되었기 때문에 2월에서 하루를 빼 29일로 만들었습니다. 하지만 이로 인해 1년에 0.25일이 남는 또 다른 문제가 생겼고, 이 문제를 4년마다 하루를 채우는 윤달로 해결한 것입니다.

이런 역사를 통해 지금 사용하는 달력 속 2월의 비밀들이 만들어지게 되었습니다.

과정중심평가 척도표와 적용 사례

수학 과정중심평가 척도표(학급용)

(수학)교과 (3) 단원 : 곱셈과 나눗셈

(주제) : 몇 십으로 나누어보기

〈과정중심평가 성취기준〉

1. 나눗셈을 이해하고 있는가?
2. 나눗셈의 계산 원리를 이해하여 몇 십으로 나누기를 할 수 있는가?
3. 짝과 협동하여 해결하고, 해결과정을 설명할 수 있는가?

번호	성명	성취 기준 문항			피드백
		1	2	3	
		수행 척도(◎, ○, △)			
1	김 ○ 영				
2	김 ○ 윤				

수학 역할극 과정중심평가 척도표

배구공은 왜 손으로 잡을 수 있을까?

공주의 궁금증(구와 원의 차이점은 무엇일까?)

〈과정중심평가 성취기준〉

1. 글을 읽고, 궁금증(입체도형과 평면도형의 차이점)을 찾을 수 있는가?
2. 궁금증이 드러나게 역할극을 할 수 있는가?
3. 짝과 협동하여 역할극에 적극적으로 참여하는가?

번호	성명	성취 기준 문항			피드백
		1	2	3	
		수행 척도(◎, ○, △)			
1	이 ○ 희				
2	윤 ○ 준				

수학 과정중심평가 척도표 적용 사례

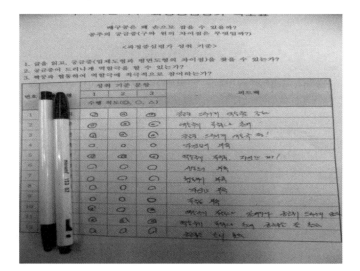